Ramiro Beltrán Guerrero

La soberanía de Dios y la adoración

Ramiro Beltrán Guerrero

La soberanía de Dios y la adoración

CREDO EDICIONES

Imprint

Cover image: www.ingimage.com

Publisher:
CREDO EDICIONES
is a trademark of
International Book Market Service Ltd., member of OmniScriptum Publishing Group
17 Meldrum Street, Beau Bassin 71504, Mauritius

Printed at: see last page
ISBN: 978-3-330-70323-0

Ramiro Beltrán Guerrero

Bogotá Colombia]
[3133630868]

[ramiro22862otmail.com]

Objetivo Profesional:

Mi objetivo profesional es la salvación de los perdidos y la edificación de la iglesia del Señor Jesucristo en su forma local, deacuerdo la Santas Escrituras (Ef.4:15-16). 35 años caminando en la fe que es en el Señor Jesucristo. 16 años aproximadamente al lado de pastores cooperando en la enseñanza, predicación, y acompañamientos en consejería bíblica. Pastor ordenado por la I.C.G.A Iglesia Cristiana Gracia y Amor, en Bogotá Colombia hace 14 años. Responsable de la plantación y edificación de la iglesia I.C.R.G.J (Iglesia Cristiana Redención Gratuita en Jesucristo en el Sur de la ciudad. También he trabajado en la instrucción y formación de nuevos pastores, y en la formación de grupos mixtos en teología bíblica y sistemática.

Formación Académica:

Bachiller académico del I.C.T. Licenciado en estudios Teológicos, por MINSTS (Seminario Internacional de Miami, y de la F.T:B. (Facultad Teológica Bautista Bogotá Colombia.

Formación Complementaria:

Avance Bíblico (Un estudio informal diseñado, por el pastor Eugenio Line pionero de la reforma bíblica en Colombia, para guiar a los pastores y creyentes en general a conocer su biblia).

Obras en borrador:

Eclesiología I. Módulo diseñado para instruir a pastores y creyentes sobre el diseño de la iglesia según la revelación bíblica. Eclesiología II Modulo sobre las marcas distintivas de la verdadera iglesia de Cristo. La iglesia el cuerpo de Cristo: Un estudio sobre el carácter de la iglesia como el cuerpo de Cristo. La iglesia del Dios viviente: Una serie de exposiciones en cuanto a la conformación y desarrollo de la iglesia. La iglesia el templo de Dios: La iglesia vista como la morada final de Dios. El poder de Dios llamado evangelio: una breve explicación del evangelio partiendo de Ro.1:16 y 17. El plan redentor: un panorama general del desarrollo de la redención del pueblo de Dios atraves de la biblia y la historia. Escatología bíblica: una serie de exposiciones sobre el clímax del evangelio. Con preguntas atraves de la carta a los Colosenses. Con preguntas atraves de la 1ªa Tesalonicenses. Con preguntas a través de 2ªTesalonisences. Paternidad bíblica I.

LA SOBERANIA DE DIOS Y LA ADORACIÓN

Introducción

Todos los cristianos estamos de acuerdo que la adoración es la actividad máxima para la que el hombre fue creado y por lo tanto la adoración es una pación intrínseca de la naturaleza humana. Es indiscutible que el hombre es un adorador por naturaleza. Donde quiera ha habido hombres hay huellas de adoración. El hombre jamás puede dejar de adorar. El hombre existe para adorar. Esto es indiscutible. El problema no ha sido si el ser humano es o no adorador. El problema ha sido en cuanto a qué es lo adorable y como adorarlo. En general el fuero humano intuye que lo adorable es lo divino, por eso ha adorado a cualquier cosa en lo que encuentre alguna huella de lo divino. Observe el siguiente caso.

- Hch.14:8-17:

V.8 Y cierto hombre de Listra estaba sentado, imposibilitado de los pies, cojo de nacimiento, que jamás había andado. v9 Este oyó hablar a Pablo, el cual, fijando en él sus ojos, y viendo que tenía fe para ser sanado, v.10 dijo a gran voz: Levántate derecho sobre tus pies. Y él saltó, y anduvo. V.11 Entonces la gente, visto lo que Pablo había hecho, alzó la voz, diciendo en lengua licaónica: Dioses bajo la semejanza de hombres han descendido a nosotros. V.12 Y a Bernabé llamaban Júpiter, y a Pablo, Mercurio, porque éste era el que llevaba la palabra. V. 13 Y el sacerdote de Júpiter, cuyo templo estaba frente a la ciudad, trajo toros y guirnaldas delante de las puertas, y juntamente con la muchedumbre quería ofrecer sacrificios.

¿Esto que los de Listra querían hacer con Pablo y Bernabé era un acto de adoración? ¿Qué fue lo que hizo que esa gente intentara adorar a los apóstoles Pablo y a Bernabé? Entendían que una obra como la que vieron realizar no podía ser hecha sino por el poder de Dios y creyeron que ese poder era propio de Pablo y Bernabé. Asumieron que ellos eran dioses. ¿Cuál es el punto? El hombre común, generalmente, intuye que lo adorable es lo divino, pero tiene problemas para identificar quien o cual es realmente ese ser adorable. Confunde la creación con el creador. No puede distinguir el instrumento del que lo ejecuta, o entre el artista y su obra de arte.

Los cristianos, por la gracia de Dios, en una gran medida, hemos logrado superar ese problema. Por la gracia de Dios podemos distinguir el artista de su obra y admirar al artista por su obra y no a su obra en lugar del artista. Estamos de acuerdo en que el único ser adorable es Dios. En esto tenemos claridad. Pero el asunto no es solo distinguir de manera general quien es el adorable; el siguiente trabajo es saber cómo adorarle.

I
LA REGULARIZACIÓN DE LA ADORACIÓN

Por la historia bíblica y la experiencia religiosa es evidente que el pecado causó un asombroso daño en las facultades humanas para precisar la verdad en este asunto; esta incapacidad se ve entre los cristianos; aún entre los más ortodoxos no hay unanimidad de criterios en cuanto a esta sagrada actividad. Hay congregaciones unidas en todas las demás doctrinas de su confesión, pero sus miembros y aun sus líderes, están divididos en este punto. Cada quien concibe y asimila la adoración de una manera diferente. La mayoría de las veces las tendencias naturales personales se convierten en la fuerza determinante de la adoración en la iglesia. Eso indica que lograr un entendimiento y práctica clara y correctamente bíblica no es fácil. Requiere un mayor esfuerzo y sacrificio en el estudio de las Escrituras en cuanto al tema y una medida especial de gracia especial. Todo él que se considere adorador de Dios está obligado a contestar la siguiente pregunta:

A. ¿ES DIOS SOBERANO EN LA ADORACIÓN?

De manera más clara ¿Quién es el regulador de la adoración? ¿Dios? ¿El hombre? O ¿Una parte el hombre y otra parte Dios?

Muchos creen que la adoración es un asunto que Dios dejó a libertad de cada adorador. Creer esto es creer que Dios se preocupó por regular la relación de los seres humanos entre si y las demás criaturas, pero dejó a potestad del hombre su relación con Dios. Si los adoradores son quienes regulan la adoración, entonces Dios ya no es el soberano en ella sino los adoradores. Personalmente veo en la Biblia que no hay asunto con el que Dios haya sido más extremadamente celoso que con lo que corresponde estrictamente a la adoración. A la luz de la biblia, no hay asunto que requiera mayor solemnidad[1] que el de adorar a Dios.

[1] La solemnidad bíblicamente entendida, es diferente a la idea que ha transmitido la iglesia Romana, que sugiere una actitud sepulcral. La solemnidad bíblica, implica asombro y admiración, satisfacción y temor, confianza y respeto, jubilo y reverencia, alegría y orden, gozo y cordura.

La biblia no solo enseña con toda claridad que no debemos adorar lo que no es Dios; Ex.20.3; Dt.5:7; Mt.4:10. También enseña de manera abundante que a Dios debemos adorarle solo de la manera que él mismo lo ha mandado. La Escritura enseña que Dios no acepta que ninguna persona se acerque a él por sus propios medios ni a su propia manera. Cuando algunos lo intentaron tuvieron consecuencias lamentables. Miremos algunos casos.

1. El caso Caín y Abel. Gn.4:3-5.

Y aconteció….., que Caín trajo del fruto de la tierra una ofrenda a Jehová. 4:4 Y Abel trajo también de los primogénitos de sus ovejas, de lo más gordo de ellas. Y miró Jehová con agrado a Abel y a su ofrenda; 4:5 pero no miró con agrado a Caín y a la ofrenda suya. Y se ensañó Caín en gran manera, y decayó su semblante. 4:6 Entonces Jehová dijo a Caín: ¿Por qué te has ensañado, y por qué ha decaído tu semblante? 4:7 Si bien hicieres, ¿no serás enaltecido? y si no hicieres bien, el pecado está a la puerta; con todo esto, a ti será su deseo, y tú te enseñorearás de él.

Lo que vemos en este pasaje son dos actos de adoración a Dios, uno realizado por Caín y el otro por Abel. El de Caín fue rechazado y el de Abel aceptado. ¿Por qué? El de Abel fue aceptado porque lo hizo bien y el de Caín rechazado porque lo hizo mal. Dios le fue claro a Caín v.7 *Si bien hicieres,*[2] *¿no serás enaltecido?* Sabemos muy bien por la Escritura que lo que Dios tiene como bien es lo que es hecho por la fe en Cristo y conforme a su voluntad revelada. El narrador bíblico omitió información sobre el asunto, pero con lo que narró deja suponer que desde el principio Dios había dado algún precepto, aunque no suficientemente claro para los hombres[3], en cuanto a la forma como debían acercarse a Dios. Abel creyó a Dios y se mantuvo sujeto al precepto divino y fue reconocido como justo, Heb.11.4. Caín pretendió ser original, y probablemente pensó que haciéndolo a su manera tendría mayor reconocimiento.

a. Consideración bíblica del caso

---

[2] Desde este caso, la Escritura comienza a mostrarnos que lo bueno a los ojos de Dios es únicamente lo que es hecho por la fe en él y conforme a sus preceptos.

[3] El precepto dado por Dios a Adán para relacionarse con Dios requería de fe, esto implica que encerraba asuntos que no podían ser entendidos por la lógica de la razón natural humana. Probablemente ese precepto fue sentado con el sacrificio de los animales que proveyeron su piel para cubrir la desnudes de Adán y Eva.Gn.3:21. A partir de ese momento, Adán y sus descendientes debieron entender que cualquier relación de los hombres con Dios debía ser mediante la fe en un inocente sacrificado. El Nuevo Testamento enseña que Cristo estaba representado en cada sacrificio ordenado por Dios, de manera que quien creía en lo ordenado por Dios, aunque no lo entendiera con la claridad que se puede entender a partir del Nuevo testamento, estaba creyendo en Cristo.

1) En cuanto al regulador de la adoración

¿Quién es el regulador de la adoración? ¿Muestran estos casos de quien es la prerrogativa en la regulación de la adoración? Estos dos casos muestran que Dios es el regulador y juez en los asuntos de adoración. ¿Cuál es la prerrogativa del adorador? La prerrogativa del adorador es someterse a la forma indicada por Dios por encima de los pareceres personales.

2) En cuanto al resultado de la adoración

Caín pretendió regular su adoración a Dios probablemente pensando que su iniciativa por ser original tendría mejor reconocimiento. ¿Qué logro? Logró la desaprobación de Dios y reforzar la rebelión de su corazón. Abel por la fe se conformó a la voluntad de Dios, obtuvo su aprobación, y enriqueció su alma, aunque fue víctima del odio de su hermano.

b. Lecciones practicas

1) En cuanto a la forma de adorar y la aprobación de Dios

Nadie debe creer que se puede agradar a Dios a manera propia. Es contradictorio y antibíblico decir que yo puedo adorar a Dios a mi manera. Una lección clara de estos casos es que en asuntos de adoración la intención no es suficiente. Es necesario tener en cuenta los elementos y la forma como esos elementos deben emplearse en la adoración si realmente deseamos agradar a Dios.

Adorara a Dios a nuestra manera no tiene aprobación de Dios y fortalece la rebelión religiosa del corazón caído. El que pretende adorara a Dios según su parecer personal, en el fondo lo que busca no es agradar a Dios sino agradarse a sí mismo. Pretender que Dios se agrade de una adoración a nuestra propia manera es pretender que Dios se agrade de nuestra rebelión religiosa.

3) En cuanto a los tipos de adoradores y de adoración a Dios

El pasaje nos enseña que desde el principio se generaron dos tipos de adoradores de Dios con dos tipos de adoración: Los que le adoran a la manera de Caín y los que le adoran a la manera de Abel. ¿Quiénes son los que adoran a la manera de Caín? Los que adoran a su propia manera. Reflexión: ¿Quiénes son los que adoran a la manera de Abel? Los que adoran según las regulaciones dadas por Dios. ¿A cuál de estos dos tipos de adoradores pertenezco yo? Para que pensemos más enserio el asunto, reflexionemos sobre lo siguiente:

¿De cuál simiente era Caín? Si usted es uno de los que prefieren adorar según su propio gusto, es posible que sea de la simiente no redimida. Miremos el siguiente caso:

2. El caso de Nadab y Abiú. Lv.10:1,2

Nadab y Abiú, hijos de Aarón, tomaron cada uno su incensario, y pusieron en ellos fuego, sobre el cual pusieron incienso, y ofrecieron delante de Jehová fuego extraño, que él nunca les mandó. ²Y salió fuego de delante de Jehová y los quemó, y murieron delante de Jehová.[4]

Se han dado varios argumentos al comentar este suceso. Se ha dicho que Nadab y Abiú estaban embriagados, que usurparon el lugar de moisés, o el de Araron, que entraron al lugar santísimo juntos en lugar de haber entrado uno solo, que entraron en un momento no autorizado, que no correspondía ni a uno ni al otro ofrecer el incienso, entre otros comentarios. Algunas de estas cosas pueda que tengan algo que ver con el suceso, pero la causa concreta mencionada en el texto por la cual Dios los condenó a la muerte bajo el fuego de su enojo, fue que el fuego con el cual pretendían agradar a Dios no era el que Dios había aprobado, era un fuego de su invención. Para Dios era fuego extraño.

a. Consideraciones bíblicas del caso

Nadab y Abiú eran oficiales ordinarios legítimamente ordenados para el oficio sacerdotal, pero el ser legítimamente ordenados para el ministerio, no les daba el derecho a modificar, complementar, o cambiar las normas dadas por Dios para la adoración.

Aunque eran oficiales legítimamente ordenados para el ministerio, fueron condenados al fuego de la ira de Dios por pretender modificar o alterar ciertas normas de adoración.

La intención de los dos oficiales era adorar a Dios; ellos no estaban procurando adorar a dioses extraños, lo entraño estaba en la forma como pretendían adorar al Dios verdadero. Introdujeron un elemento no reconocido por Dios para la adoración y por introducir ese elemento fueren condenados al fuego de la ira de Dios.

---

[4]*Reina Valera Revisada (1960)*. 1998 (Lv 10.1-2). Miami: Sociedades Bíblicas Unidas.

b. Lecciones practicas del caso

Ningún oficial del pueblo de Dios tiene derecho o autoridad alguna para alterar, modificar, o complementar las normas dadas por Dios para el culto.

Aun los oficiales legítimamente ordenados para el ministerio cuando introducen elementos no autorizados por Dios para la adoración, se están exponiendo a ser condenados al fuego de la ira de Dios.

No solo son condenados al fuego de la ira de Dios los que adoran a dioses extraños, también son condenados a fuego de la ira de Dios, los que adoran a Dios de maneras extrañas, maneras no reconocidas por Dios mismo.

El ingenio humano, la originalidad en asuntos de adoración, no tienen aprobación divina, es condenado; lo que cuenta en la adoración a Dios, no es el ingenio y la originalidad humana sino la fidelidad a las normas y principios dados en su palabra.

Mediante este caso el pueblo de Dios debe aprender que no solo la desobediencia a los mandamientos morales, son dignos de muerte, sino que también la desobediencia a los normas dadas por Dios para el culto tiene pena de muerte.

B. EL JUICIO DE DIOS Y LA ADORACION

Hemos visto algunos indicios del juicio de Dios respecto a la adoración, pero el siguiente pasaje nos dice que hay un día determinado en el que cada individuo será juzgado por la manera como haya adorado.

A. Hechos 17:31

Vs 30. Pero Dios habiendo pasado por alto los tiempos de esta ignorancia, ahora manda a todos los hombres en todo lugar, que se arrepientan; v 31 por cuanto ha establecido un día en el cual juzgará al mundo con justicia, por aquel varón a quien designó, dando fe a todos con haberle levantado de los muertos.

1. Análisis del texto

a. ¿Cuál es la ignorancia que Dios ha pasado por alto hasta ahora?

La ignorancia que Dios ha tolerado es en cuanto a quien es El y como adorarle. El contexto inmediato de estos versículos es el sermón del apóstol Pablo ante el areópago en Atenas. Los atenienses eran sumamente religiosos. Hch.17:16-23. Entre sus muchos templos a sus diferentes dioses el apóstol vio uno con un aviso muy particular. AL DIOS NO CONOCIDO.Hch.17:23. Algunos de los atenienses habían percibido la presencia de un Dios diferente a todos los dioses que adoraban, pero no lograban identificarlo mediante sus sentidos y facultades naturales, vs.22, 23. En medio de su oscura percepción tenían ideas acertadas, con como la de que todos provenimos de Dios. 17:28. Como resultado de su oscura percepción lo adoraban, pero su adoración era también en tinieblas. Su percepción de Dios y la adoración que pretendían darle no era suficiente; aún era una adoración en ignorancia. Es la ignorancia en cuanto a Dios y la forma como lo han estado adorando la que pablo dice que Dios ha tolerado hasta ese momento.

1) *Inferencias teológicas*

Sustraigamos esas inferencias mediante las siguientes preguntas: ¿Pueden los seres humanos adquirir una percepción de la existencia de Dios por medio de sus sentidos y facultades naturales? Si pero no suficiente para identificarlo y adorarlo correctamente. Ro.1:18-25 ¿Es suficiente una adoración sincera y bien intencionada basada solo en una oscura percepción de Dios para que sea reconocida por Dios? No, para adorar a Dios de tal manera que él se agrade se requiere un verdadero conocimiento de Dios. Ese conocimiento no lo puede obtener un ser humano dependiendo de sus facultades naturales. 1ª Cor.2:14. Ese conocimiento lo da Dios mismo de manera especial por medio de su Hijo Jesucristo. Jn.1: 18; Mt.11:27; Jn.14:6

2) *Lección y aplicación práctica*

Lección: Su adoración puede ser sincera, pero sino depende de un verdadero y claro conocimiento de Dios, su adoración, tampoco es verdadera, y por tanto no es agradable a Dios; por más sincera que sea su adoración es deshonrosa, condenable.

Aplicación: Revise su concepción de Dios, y la forma como le adora, a la luz de lo que él ha revelado de sí mismo, en su Hijo Jesucristo mediante la Escritura. Recuerde no es posible conocer verdaderamente a Dios, sino por medio del Señor Jesucristo. Jn.1:18; y no es posible conocer al Señor Jesucristo sino por la Escritura. Jn.5:39. Lea la biblia y expóngase a la correcta predicación de ella. 2ª P.1:19-21; Sl.119:130

b. ¿Cuál es el mandato de Dios que el apóstol les comunica?

El mandato es al arrepentimiento. ¿Arrepentimiento de qué? Arrepentimiento de la ignorancia en cuanto a Dios y la forma de adorarle.

1).*Implicaciones teológicas*

Si Dios exige a los seres humanos que se arrepientan de su ignorancia en cuanto a Dios, y la forma como lo adoran, esto implica que los seres humanos somos culpables de esa ignorancia y responsables de corregirla.

El mandato de Dios a los hombres a que se arrepientan de la ignorancia en cuanto a Él, y la forma de adorarle implica que Dios siempre ha dado a los hombres la luz necesaria para que le conozcamos verdaderamente y le adoremos correctamente. Por lo tanto también implica que esa ignorancia en cueto a Dios y la forma de adorarle, ha sido y es decisión de cada individuo.

2). *Lecciones practicas*

Los que no conocen a Dios es porque han decidido ignorarlo, no porque Dios no les ha dado oportunidad de conocerle y adorarlo correctamente.

Mantenerse sin conocer a Dios verdaderamente, es mantenerse en una condición de rebelión, de pecado contra Él y mucho más después de esta exposición mediante la cual Dios por su palabra le manda que deje de ignorarle y venga a conocerle por medio del Señor Jesucristo.

3). *Aplicaciones practicas*

Si usted aún no conoce a Dios verdaderamente, si su concepción de Dios es únicamente la que percibe por su sentido común, debe obedecer este mandato de Dios.Hch.17:30. Arrepentirse de su ignorancia respecto a Dios y la adoración que debe darle.

No sea más rebelde, obedezca el mandato que Dios le hace en estos momentos; arrepiéntase de ignorar a Dios, y de estar adorándole a su manera. Conózcale mediante si Hijo Jesucristo, Jn.1:18; Heb.1:1-3; Col.2:9

c. ¿Por qué deben arrepentirse los que no conocen a Dios?

Porque ha establecido un día en el cual juzgará al mundo por ignorarle y adorarle guiado por las engañosas sensaciones del corazón. Jr.17:9. El corazón humano es el agente más engañoso que existe, y no hay asunto en el que el corazón sea más engañoso que en lo que tiene que ver con quien es Dios y como adorarle. Fue en relación con la adoración que Dios dijo por medio del profeta jeremías que el corazón es más engañoso que todas las cosas. Israel era un pueblo al que Dios, por medio de Moisés, le había dado instrucciones claras y específicas respecto a quien es él y como adorarle, Ex.20:1-40:38, con todo eso adoraban lo que no es Dios como si lo fuera y de manera contraria a lo que claramente había mandado, Jr.17:1,2. Israel decidió ignorar a Dios y su palabra, y en lugar mirar a Dios y adorarle siguiendo el engaño des su corazón. Dios ha tenido paciencia, ha tolerado, por mucho tiempo esa ignorancia, pero no la tolerará para siempre, porque ha establecido un día en el cual juzgará a todo ser humano por haberlo contemplado y adorado en ignorancia.

1. *Afirmaciones bíblicas*

El día del juicio está determinado, todo el mundo será juzgado por la manera como vio a Dios y lo adoró, Nadie podrá escapar a ese juicio, ni los que han muerto por que resucitarán.Ap.20:11-15.

2. *Consideraciones practicas*

El juicio es inminente, pero los que ya murieron ya no pueden cambiar su situación ante el juicio; usted que está vivo, que está escuchando esta exposición aún puede examinar su concepción de Dios, y la forma como le adora y corregirla a la luz de la verdad revelada en la Escritura.

Dios le ha pasado por alto a los hombres su ignorancia, respecto a Él, y la forma descuidada como cada quien le ha adorado, en cuanto a que no ha llamado a cuentas a ninguno, pero eso no significa que nunca lo hará. Hay un día ya determinado, para que cada uno demos cuenta de lo que creímos de Él y la forma como lo hemos adorado.

Lo que cada uno cree de Dios y la forma como le adore, Sera objeto del juicio de Dios, y quienes no conozcan a Dios y no lo hayan adorado conforme a la verdad, revelada por El mediante el Señor Jesucristo y expuesta en la Escritura serán condenados.2ª Tes.1: 7,8.

3. *Aplicación practica*

Examine la concepción que usted tiene de Dios, y la forma como le ha estado adorando; aún es tiempo de escapar de la condenación en el día del juicio, conociendo verdaderamente a Dios en el Señor Jesucristo, mediante el testimonio que el mismo ha dado de sí en la biblia. Cristo es el único que puede dar a conocer a Dios, Jn.1:18; Mt.11: 27, 28, él es el único que puede llevarle a Dios. Jn.14:6. Él es la puerta de escape de la condenación no solo por los pecados religiosos, sino también por la de todos los pecados. Esta exposición es un llamado a refugiarse en él.

II
NORMAS Y PRINCIPIOS PARA LA ADORACIÓN

Hemos visto solo tres pasajes bíblicos, que nos muestran con toda claridad que Dios no admite ser adorado de cualquier manera; esos pasajes nos enseñan que Dios es el regulador y juez de la adoración, pero no son los únicos que nos muestran quien es el regulador y juez de la adoración, Hay más casos que nos muestran que Dios es el regulador y juez de la adoración no los adoradores.

Las normas y principios dados por Dios a su pueblo para la adoración son abundantes en la Escritura, hay capítulos de libros y libros enteros dedicados a eso.

Las ordenanzas para el culto fueron dadas por Dios en el primer pacto o pacto antiguo, mediante elementos terrenales que prefiguraban realidades espirituales que la iglesia viviría a partir del nuevo pacto. Miremos la Escritura:

> *Heb.9:1. Ahora bien, aun el primer pacto tenía ordenanzas de culto y un santuario terrenal.* 10:1. *Pues ya que la ley sólo tiene la sombra de los bienes futuros y no la forma misma de las cosas*.

Debo decirles que este libro es la interpretación general inspirada del espectro litúrgico del antiguo pacto y su relación con el nuevo pacto. La primera referencia dice que el primer pacto tenía ordenanzas de culto. La segunda dice que esas ordenanzas son la sombra de la forma y no la forma misma. La sombra es un oscuro reflejo de la forma real. Lo que el autor quiere decir es que hay una forma de culto determinada por Dios que el antiguo pacto solo refleja de manera defectuosa u oscura; pero aunque la sombra solo sea el reflejo defectuoso de la forma real, su función es llamar la atención a la forma verdadera. Lo que debemos tener en cuenta es que si la sombra era rigurosa, cuanto más la forma real. Si queremos comprender y celebrar con fidelidad el culto a Dios tenemos que escudriñar los principios contenidos en las ordenanzas dadas por Dios para el culto atraves de las figuras del antiguo pacto, interpretadas a la luz del Nuevo Testamento.

El pacto antiguo fue la maqueta dinámica del nuevo, Heb. Cap. 9; 10. Las leyes ceremoniales del antiguo pacto fueron dadas para regular la vida devocional del pueblo de

Dios: Mediante tipos y símbolos indican la forma[5] como el pueblo debe acercarse a Dios y adorarle. Estas leyes ceremoniales enseñaban y regulaban la vida devocional del pueblo mediante una variedad de ritos ordenados por Dios. Algunos de estos ritos eran muy sencillos, otros realmente muy complejos, pero ninguno carecía de significado: Ilustraban realidades espirituales relacionadas con Cristo, su obra redentora, y su relación con su pueblo; realidades que son explicadas en el Nuevo testamento. Heb.9:1-10:1. Todas esas normas ceremoniales enseñan de manera prefigurada que no debemos adorar a Dios sino únicamente de la manera que Dios lo ha mandado.

Nuestro sumario de fe está en armonía con la Escritura cuando declara en la última parte del párrafo primero del capítulo veintidós que no se debe adorar a Dios conforme a las imaginaciones e invenciones de los hombres o las sugerencias de Satanás, ni atreves de ninguna representación visible, ni en ningún otro modo no prescrito en la Santa Escritura. Esto es exactamente lo que implica el segundo mandamiento Ex.20:4,5; y lo que no tuvieron en cuenta Nadab y Abiú.

Adorar según el ingenio humano ha sido la impiedad de los hombres en general, y la injustica por la que Dios airado con los hombres los ha entregado a la degradación moral y a la anarquía Ro.1:18-31.

La Biblia muestra con toda claridad que los hombres por sí mismos no son capaces de adorar de manera que agrade a Dios. Por esa razón a Israel después que fue liberado, Dios tuvo que darle instrucciones detalladas en cuanto a la adoración que debía dar a Dios. Ex.20-40 y todo el libro de Levítico está dedicado a dar instrucciones en cuanto a la manera como el pueblo de Dios debía adorarle. En esas leyes dadas a Israel también fueron dados los principios espirituales para la adoración en el nuevo testamento. Usaré dos ejemplos que indican esto.

[5] La forma incluye los medios, los elementos, y los principios que los regulan; incluye la aptitud y actitud de los adoradores al usar los medios y elementos para adorar a Dios.

A. EL FUEGO

El fuego era un elemento esencial en el culto del antiguo testamento. El fuego en los actos del servicio era símbolo de la presencia del Espíritu santo. La presencia de Dios. Ex 3:2; 19:18; Heb 2:3. En todos los ritos que formaban parte del culto el fuego estaba presente. Esto indicaba que ningún acto de adoración sin el Espíritu Santo es aceptado por Dios. El nuevo testamento enseña claramente esta verdad: La vida sin el Espíritu Santo es totalmente pecaminosa, carnal; Porque los que son de la carne piensan en las cosas de la carne, pero los que son del Espíritu, en las coas del Espíritu, Ro.8:5-8; y los que no andan conforme al Espíritu, no están en Cristo, están bajo condenación, Ro.8:1b; los creyentes debemos andar conforme al Espíritu, no satisfaciendo los deseos de la carne, Gal.5:16, pues si vivimos por el Espíritu, andemos también por el Espíritu, Gal.5: 25; porque el que siembra para la su carne, de la carne cosechará corrupción, más el que siembra para el Espíritu, del Espíritu cosechará vida eterna, (Gal. 6:8) todo esto es aplicable al culto. El culto no es para satisfacer nuestros deseos naturales influenciados por las culturas del mundo. El culto es para agradar a Dios no a nosotros mismos.

El fuego en el altar no debía ser de origen natural humano, sino, sobre natural. Después que el tabernáculo fue instalado y todos sus muebles y utensilios en su lugar, debidamente consagrados; cuando Aarón y sus hijos habían sido consagrados, cuando ellos tenían ya preparado el sacrificio por el pueblo, Dios mismo encendió el fuego en el altar, (Lv. 9:24), de ahí en adelante la responsabilidad' de los sacerdotes era mantenerlo encendido, (Lv. 6:12-13) no iniciarlo, porque todo lo que fueran a ofrecer en el altar, debían ofrecerlo con este fuego, no con otro encendido por ellos mismos o traído de otro lugar.

El fuego de la adoración, no debe ser artificial, no debe ser producto del ingenio de los ministros, si no de la obra sobrenatural de Dios. Nadab y Abiú, ofrecieron delante de Jehová fuego extraño; ellos lo hicieron con la intención de adorar a Dios, sin duda con mucha sinceridad, pero pasaron por alto la palabra de Dios y en su lugar pusieron el de su ingenio. Lv.10:1-3 El fuego extraño representa lo que es añadido a la adoración por parte de personas entusiastas e ingeniosas que no se conforman a la instrucción dada por la palabra de Dios y en lugar buscan avivar la obra de Dios con fuegos de su propia invención, como lo hicieron Nadab y Abiú.

B. EL INCIENSO AROMÁTICO EX. 30:34-38

Apocalipsis 5:8 dice que el incienso es las oraciones de los santos. Si el incienso es la forma simbólica de las oraciones de los santos, entonces es importante estudiar lo que la Escritura dice del incienso: su composición y uso; también es importante saber que es la oración. Comencemos con el incienso.

Dios mismo dio a Moisés la fórmula para su composición: “estacte” (*Goma resinosa extraída de la corteza del árbol estoraque su aroma es sumamente fragante*); “gálbano” (*resina de olor fuerte y desagradable al olfato natural humano, pero de alto valor medicinal se extrae de la planta stagonitis*), “uña aromática” (*Se dice que se compone de la concha de una almeja. Cuando se quema expide un olor de almizcle*) Ex. 30:34. El cuarto ingrediente “incienso puro” es el que se extrae de la tierra, y lo produce la naturaleza sin la intervención de la mano humana. Cuatro elementos conformaban la fórmula para el perfume del altar; dos agradables al olfato humano y dos desagradables, pero todos del agrado de Dios. Esto indica que en la adoración ordenada por Dios hay elementos que no son agradables a los sentidos naturales de los hombres. Estos cuatro elementos tenían que ser mesclados en la misma cantidad. Nadie debía añadir ni quitar nada de su fórmula. Nadie por ingenioso que fuera tenía derecho a alterar su receta. (Ex. 30:37) cualquiera que lo hiciera debía ser cortado de entre el pueblo. Ex. 30:38. Esta advertencia y su cláusula penal, indica el pueblo de Dios podría verse tentado a modificar la formula quizá a causa de los elementos que no agradan a sus sentidos naturales.

Este incienso era exclusivo para el servicio en el santuario, ningún otro tipo de incienso debía ofrecerse Ex. 30:9. Esto implica que no debía emplearse si no solo para el servicio a Dios, y tampoco debía traerse a la presencia de Dios aromas provenientes de afuera, elaboradas según formulas humanas.

El incienso era el perfume que acompañaba las ofrendas de adoración y alabanza (Lv. 2: 1; 6: 15) y el que llenaba el santuario después del sacrificio de expiación para que aquel por quien se había hecho expiación no muriera (Lv. 16: 11-13). Era el perfume que ambientalizaba el lugar santo a tarde y a mañana. Ex. 30:7-8,y por ninguna razón este ambiente debía ser producido según el parecer de hombre alguno, sino según las prescripciones dadas por la palabra de Dios. [6].

Hoy tal párese, estos principios divinos para la adoración se ignora por completo en los cultos modernos; no solo porque el fuego que acompaña la adoración proviene de fórmulas seculares, mundanas, sino también porque los ingredientes que producen el ambiente son traídos del mundo, elaborados por el mundo y para usos contrarios a la adoración a Dios.

En algunas congregaciones el culto está ambientalizado por elementos estrictamente elaborados para promover vicios y costumbres pecaminosas. Tales elementos son a la luz de los principios Bíblicos fuego extraño, incienso extraño.

Los elementos que han de estar presente en el culto, en la adoración o alabanza, han de ser incienso puro, santo, salmos, himnos y cantos espirituales: Lo espiritual es lo que se conforma a la voluntad revelada de Dios, no lo que es conforme a nuestras tendencias naturales. El entusiasmo que 'algunos promueven es más para agradar a la concurrencia que a Dios, por eso se adaptan formulas y técnicas similares a las que usan los promotores de espectáculos populares. Es lógico que cuando se cambia el objeto de la adoración se cambien también los elementos, pues, los elementos de la adoración deben estar de acuerdo al gusto del objeto adorado. De manera que si Dios es el objeto de nuestra adoración debemos adorarlo conforme a su voluntad, conforme a los principios dados por él mismo.

---

[6] Si el incienso era el perfume que ambientalizaba el culto en el antiguo pacto, y es el símbolo de las oraciones de los creyentes entonces la oración es lo que ambientaliza el culto, lo que lo hace agradable a Dios. La oración es la expresión de absoluta dependencia de Dios. De manera que la única adoración aceptada por Dios es la de los que se acercan a Dios en absoluta dependencia de Èl. Eso es lo que el término shakja=adorar significa: absoluta sumisión amorosa.

III

LA ADORACION Y LA CULTURA

Algunos teólogos y pastores enseñan que la adoración es algo que Dios dejó a libertad del adorador, que esta puede ser adaptada a las diferentes culturas. Si bien los reinos de este mundo deben dar libertad de culto, es decir que los estados permitan que cada persona adore lo que quiera y como quiera, esa no es la política del reino de Dios.

A. ¿QUIERE DIOS QUE LA ADORACIÓN SE ADAPTE A LA CULTURA DE CADA PUEBLO?

Decir que la adoración es algo que Dios dejo a libertad o juicio de los adoradores y que por lo tanto puede ser adaptada a la cultura, es un concepto realmente cuestionable a la luz de la Escritura. Creo que este concepto ha abierto una puerta ancha por la cual el paganismo y la mundanalidad han entrado a formar parte de la adoración en la iglesia cristiana. Considero que este concepto es el que ha permitido que la adoración se vuelva folclórica, libertina y pachanguera, más que litúrgica. Estas corrupciones se han infiltrado en la adoración cristiana Mediante la tesis de que Dios es indiferente a la forma como debemos adorarlo. Un defensor de la tesis de que la forma de adorar no importa, para sustentar su posición, sita al teólogo y pastor John Piper, quien dice: *Existe una sorprendente indiferencia en los autores del Nuevo Testamento en cuanto a la forma y práctica de la adoración corporativa*. (Pg.18 de la revista reedificando)

Decir que los autores del Nuevo Testamento son total o asombrosamente indiferentes a la forma de adorar, es decir que Dios es asombrosamente indiferente a cómo su pueblo ha de adorarle. Lo asombroso para mí es que un hombre de la talla del pastor Piper, crea eso.

B. LO QUE DIOS HA DEJADO CLARO RESPECTOA LA ADORACION A EL

Dios hizo claro a su pueblo desde el antiguo pacto, no solo que no debía adorar lo que no es Dios; también le hizo saber que debía adorarle solo de la manera que él mismo ha mandado.

Él ha determinado cómo ha de ser adorado y lo ha revelado en la Escritura. La Escritura enseña claramente que Dios no acepta que ninguna persona se acerque a él por sus propios medios ni a su propia manera. Cuando algunos lo intentaron tuvieron consecuencias lamentables. Ej.: Gn.4:1-5; Lv.10:1,2; Ecle. 5:1-2.Estos pasajes no solo están tratando asuntos de aptitud, sino también de actitud y forma.
Permítanme, hermanos queridos las siguientes consideraciones: Es cierto que la mayor parte del tema para el pueblo del nuevo pacto, en cuanto a la forma, está fundado sobre principios, y no sobre mandamientos específicos. Pero el que Dios no haya dado en el Nuevo Testamento, mandamientos explícitos o específicos en cuanto a la forma de adorar, no significa que no le interesa la forma, y mucho menos que el Señor quiera que la adoración a Él se adapte a la forma como las diferentes culturas adoran a sus ídolos, sean santos, mujeres, artistas, costumbres, folclor, u otras cosas.

El que el énfasis de las Escrituras, esté centrado en la esencia de la adoración y no en la forma, en lugar de indicar que en su forma deba adaptarse a las diferentes culturas, indica que la forma nace necesariamente de la esencia. En otras palabras, el énfasis del Espíritu de la Escritura en la esencia, no indica que la forma no es importante, indica que la esencia de la adoración a Dios cultiva la forma. Mientras la esencia no sea correctamente comprendida y asimilada, nunca adquirirá su verdadera forma. La forma debe corresponder a la esencia naturalmente. Esto lo decimos del vestido. El que la Escritura no indique detalladamente la forma como se deben vestir los creyentes no significa que deban vestirse de cualquier manera. Es verdad que en la vestimenta es necesaria cierta adaptación cuidadosa, sobre los principios del pudor y la modestia (1ª. Tm.9). Creo también que en la adoración, específicamente en lo que tiene que ver con el canto y la música, se admita cierto grado de adaptación, sobre los principios de Solemnidad y jubilo, pero con mucho más cuidado que en cualquier otro asunto religioso, pues, la adoración es la más alta, la más sublime, la más excelsa, la más solemne de las actividades religiosas; por esta razón no puedo creer que Dios sea "conservador" en todos los demás asuntos y "liberal" en lo que tiene que ver con su adoración. No se puede negar que hay cierta libertad que el Señor nos ha dado, no solo en la adoración sino también, en varios aspectos de la vida cristiana, pero esa libertad aunque es grande, en un sentido, y en otro, más estrecha de lo que pensamos, en muchas ocasiones es mal entendida y usada a causa de nuestro pecado.

1. ¿A qué cultura corresponde?

En la biblia se puede ver que la adoración a Dios no corresponde a ninguna cultura terrenal en particular. La adoración al Dios verdadero, es la cultura del cielo, la cultura del Espíritu, la cultura del reino de Dios, la cual transforma las culturas humanas, no se adapta a ellas, sino lo contrario. Esto fue lo que Dios quiso hacer cuando sacó a Israel de Egipto, implantar la cultura celestial, para que el resto de las naciones la vieran y se conformaran a ella, no lo contrario; Det.12:29-32 . Esto es lo que Dios quiere que ocurra en y mediante su iglesia, el pueblo del nuevo pacto Ro.12:1-2

> *12:1 Así que, hermanos, os ruego por las misericordias de Dios, que presentéis vuestros cuerpos en sacrificio vivo, santo, agradable a Dios, que es vuestro culto racional. 12:2 No os conforméis a este siglo, sino transformaos por medio de la renovación de vuestro entendimiento, para que comprobéis cuál sea la buena voluntad de Dios, agradable y perfecta.*

Este pasaje nos hace ver que la adoración a Dios, es antinatural, debiera ser natural, pero no lo es por causa del pecado; la adoración a Dios es tan anti natural que requiere del ruego apostólico, y sacrificio por párate de los creyentes, además de la perspectiva esencial adecuada de la majestad divina. Noten hermanos como el apóstol hace referencia a esto: Así que, es una partícula conectora, es lo mismo que decir: por lo que vengo diciendo. El apóstol termina el capítulo once mostrando la soberanía y supremacía divina, la insondable grandeza de Dios.

Con esa perspectiva de Dios por delante el apóstol le dice a la iglesia que el culto inteligente, el que corresponde a lo que es Dios, requiere de un sacrificio vivo, verdadero; ese sacrificio consiste en des adaptarse a este mundo y conformarse a la voluntad de Dios. Ro.12:2. Dicho de otra manera, la adoración inteligente consiste en cultivar una mente y una forma de vida conforme a la voluntad de Dios abandonando los paradigmas cultivados por este mundo. Eso no es algo que corresponde a las tendencias naturales del ser humano, no es algo que fluye de manera natural del corazón, ni si quiera del corazón de los creyentes en general; quiero decir que la adoración a Dios no es lo mismo que gritar un gol u ovacionar a una celebridad humana. La adoración a Dios es anti natural y contra cultural. La adoración a Dios consiste en sacrificar las tendencias naturales cultivadas por este mundo y en conformarse a los valores del reino de Dios.

La adoración a Dios consiste en la desconformación del mundo y conformación de cada creyente a la cultura celestial. Esto fue lo que pasó en Calvino y en los puritanos. Cuando ellos conocieron con la mayor claridad la esencia de la adoración y la asimilaron, se produjo a partir de ellos una nueva cultura que bendijo y redimió, en cierto sentido, al mundo donde ellos influyeron. El problema es que la cultura que nació de Calvino y los puritanos, por el conocimiento que ellos tuvieron y experimentaron de Dios, después, en algunas congregaciones perdió su esencia, y quedó sólo el cascarón, la forma, sin esencia.

Pero aun siendo esto cierto, no creo que sea sabio desechar la forma como los creyentes más santos de la historia adoraron, solo por el hecho de que la forma que produjo su profundo conocimiento de Dios perdió su esencia en algunos lugares. Lo sabio es darle vida a esa forma, con aquello que le dio vida en ellos. Esto solo puede ocurrir predicando fielmente aquellas verdades que constituyen su esencia, y orando que El espíritu Santo radique esas verdades de tal manera que santifiquen nuestros facultades, erradicando de ellas nuestras sutiles y pecaminosas tendencias con las que hemos corrompido la adoración, y limpios de ellas respondamos en adoración como debe ser, adoración que corresponda a la naturaleza, carácter y majestad del Dios verdadero, no a las tendencias de las culturas humanas.

Al argumentar de esta manera no pretendo que debamos volver, necesariamente, a la salmodia de Ginebra, al salterio de Calvino, en lugar de usar los himnos de nuestros himnarios como los de “Celebremos su Gloria” Fe y Alabanza, Vida Cristiana, Himnario Bautista, entre otros. No que todos los cantos de estos himnarios sean bíblicos en todas sus partes.

Cuando hablo de la forma puritana, me refiero al cuidado, la moderación, solemnidad, reverencia, y jubilo con que la mayoría de ellos adoraban.[7] Tampoco quiero decir que no haya alguna libertad para la variedad, y que todas las congregaciones tengan que adorar de la misma forma estricta. (Aun entre los puritanos había variedad) Quiero decir que la libertad en cuanto a la forma tiene límites que aunque no los podamos ver con toda claridad, son límites que no debemos cruzar.

Debemos tener cuidado, no sea que en nuestra teología estemos abriendo la puerta más allá de lo que los principios bíblicos nos permiten. Sé que alguna puntilla del diablo, para colgar sus zapatos viejos sobre el altar. Ustedes saben la presión que tenemos como pastores de parte de algunos de nuestros asistentes y hasta de miembros, que buscan permisos para introducir a la iglesia sus tendencias. Yo fui uno de esos, que al principio de mi vida cristiana procuré arrastrar dentro de la iglesia gran parte del lastre de mi vieja vida.

2. ¿Quiénes son los causantes de la corrupción del culto?

No podemos negar que con la conversión no votamos todos nuestros viejos arrapos; es más, aun siendo pastores todavía tenemos trapitos viejos que queremos conservar, y aun quisiéramos que el Señor nos dejara entra a su gloria con algunos de ellos. ¿Por qué la iglesia pos apostólica se vino corrompiendo hasta que perdió su identidad? ¿Quiénes fueron los responsables de esa corrupción?¿No fueron los pastores? ¿Quiénes son los principales responsables de la corrupción contra la que estamos luchando hoy? ¿Por qué, cómo y cuando entró a formar parte de la iglesia, con el nombre de sana doctrina? Sé que el asunto no es sencillo. Sé que hay dos extremos peligrosos que nos amenazan constantemente y defendiendo uno podemos caer en el otro. El Señor nos ayude.

---

[7] Ellos, Calvino y los puritanos, por el agudo conocimiento que tuvieron de la naturaleza y carácter de Dios, percibieron la sutileza con que los vicios de las culturas se pueden infiltrar al culto y procuraron evitar al máximo su paso.

IV

¿CÓMO LLEGAR A LA FORMA BÍBLICA DE ADORAR?

Solo cuando nuestro ser sea verdaderamente impresionado por la grandeza de Dios y de sus obras adoraremos en la forma correcta, pues, la verdadera adoración no es otra que la expresión de la impresión de la verdadera contemplación de la grandeza de Dios y de sus obras, dirigida por el poder del Espíritu Santo mediante el correcto entendimiento de la palabra de Dios dada en la Escritura. Mientras que esto no ocurra, nuestra adoración no dejara de ser fría o artística producto de nuestro ingenio. Si la verdad de Dios no permea el alma de los creyentes no hay taller ni maestro que nos conduzca a la forma espiritual y bíblica de adorar a nuestro Dios.

1. No es a nuestra manera

Creo que hay una forma de adorar a Dios, pero no creo que podamos llegar a ella a nuestra manera. No creo que los principios que el Nuevo Testamento da para la adoración no tengan nada que ver con la forma. No puedo creer que cuando el Señor Jesús le dijo a la Samaritana, (Jn.4:21-24) que los verdaderos adoradores adorarán al Padre en espíritu y en verdad, no tuviese nada que ver con forma alguna. Pudiésemos asumir eso si sólo hubiese dicho que la adoración verdadera es únicamente en espíritu, pero también dijo que es en verdad. Sabemos que la verdad en cuanto a adoración solo la podemos conocer por la palabra de Dios. También sabemos que el efecto de la aplicación de esa verdad mediante el Espíritu Santo, es dar forma a lo deformado. Es inconsecuente que hablemos de una iglesia reformada, con una adoración amorfa o deformada. La fuerza de las palabras del Señor en Jn. 4:24 se refuerza al considera el contexto en el que nuestro señor lo dice. Él está hablando con una mujer samaritana. Recordemos que los samaritanos habían creado en el monte gerizim "una adoración a Dios diferente a la que Dios había mandado al pueblo Judío. Si la tesis de algunos de que se puede adorar de cualquier manera, fuera correcta, la respuesta del Señor Jesús a la Samaritana v.22 no hubiesen sido: "vosotros adoráis lo que no sabéis; nosotros adoramos lo que sabemos. En otras palabras, nosotros adoramos conforme a la verdad que nos fue dada, ustedes adoran sin esa verdad. Así el Señor deja claro que por muy bien intencionados que fueran los samaritanos, su adoración no se conformaba a la verdad.

2. Es conforme a la verdad

El Señor deja claro que Dios no acepta una adoración desligada de la verdad, lo cual es ignorancia, por muy bien intencionado que esté mi corazón, la verdad es la que dirige mi corazón a la forma correcta de adorar, en el corazón, y en la expresión externa del mismo. Los judíos tenían una adoración acertada, dice Jesús, porque estaba basada en la revelación divina. Por supuesto, no se está refiriendo a la pantomima, o remedo que el judaísmo de la época había hecho del culto divino; más bien se refiere a que los judíos tenían en la revelación del Antiguo Testamento la verdadera forma de adorar a Dios.

Tampoco creo que Cuando el apóstol habla de cantar con gracia en nuestros corazones, al Señor con salmos e himnos y cánticos espirituales,(Col.3:16b; Ef.5:19) esté siendo indiferente a la forma. Sabemos muy bien que lo espiritual es lo contrario a lo carnal, (Ro.8:2), lo que no se conforma a las sutiles tendencias pecaminosas de las culturas de este mundo. El trabajo del Espíritu con los pecadores es desconformar y conformar, tiene que ver con formas: dejar una forma y tomar otra, e incluye la adoración en su totalidad. 1ªP.2:5 *vosotros también, como piedras vivas, sed edificados como casa espiritual y sacerdocio santo, para ofrecer sacrificios espirituales aceptables a Dios por medio de Jesucristo.* La adoración implica cierto sacrificio, abnegación, abstinencia, sin duda, también de ciertos gustos y tendencias culturales. Los canticos espirituales no pueden nacer si no de la morada abundante de la palabra de Cristo en el corazón de los creyentes.(Col.3:16a) Es la abundancia de la palabra de Dios la que moldea los pensamientos sentimientos y emociones; donde la palabra de Dios no ha hecho ningún efecto es imposible ser espiritual. No se puede llegar a la forma de la verdadera adoración sin la correcta comprensión y asimilación de la naturaleza y carácter del Dios verdadero. La verdadera forma de adorar no se puede lograr con talleres sobre formas, sino solo con la exposición y asimilación de las grandes verdades bíblica. Con lo que hemos podido ver sobre el tema en la escritura que respondemos a la siguiente interrogante:

A. ¿ES DIOS REALMENTE INDIFERENTE A LA FORMA DE ADORAR?

Si bien es cierto que la mayor parte del tema para el pueblo del nuevo pacto, en cuanto a la forma de adorar, está fundado sobre principios, y no sobre mandamientos específicos, no fue así con el pueblo del antiguo pacto.

A la luz del Antiguo Testamento es sumamente claro que el asunto con el que Dios se mostró, por decirlo así, extremadamente específico, estricto y celoso, fue en lo relacionado con la adoración. (Det.12:39-32) Esto se puede ver en todo El Antiguo Testamento y en especial en Ex. 20 en adelante, y todo el libro de levítico. Al leer estos libros se puede ver con facilidad que Dios no dejo nada, ni el más mínimo detalle ni siquiera al criterio de Moisés; ni permitió que su pueblo adoptara la adoración, ni a la cultura del pueblo de dónde venían, ni a la cultura del pueblo a donde iba. No creo que los apóstoles hayan pasado por alto esta verdad y que hayan querido que la iglesia lo pasara por alto.

V

LO QUE REQUIERE UN INDIVIDUO PARA SER UN VERDADERO ADORADOR

A. LA ADORACION ES UN ASUNTO DE SUMO CUIDADO

La escritura hace claro que la adoración es un asunto, con el que el adorador debe ser muy cuidadoso. No es un asunto de ligereza. Es cierto que es un asunto que involucra todas las facultades del ser, sin exceptuar las emociones, al contrario empleándolas todas en su máxima intensidad (Det.6:5), pero no de manera irracional. La cordura bíblica debe dominar las actividades del culto. Ecl.5:1-2. Dice:

> *Cuando fueres a la casa de Dios, guarda tu pie; y acércate más para oír que para ofrecer el sacrificio de los necios; porque no saben que hacen mal. [2]No te des prisa con tu boca, ni tu corazón se apresure a proferir palabra delante de Dios; porque Dios está en el cielo, y tú sobre la tierra; por tanto, sean pocas tus palabras.*[8]

Lo que está diciendo el autor inspirado es que la adoración no es un asunto de mero entusiasmo, es un asunto de mucha cordura. Hay que ir con la intención de escuchar atentamente a Dios y hacer lo que él dice. *...Acércate más para oír que para ofrecer el sacrificio de los necios.* Los necios en asuntos de adoración son los que se involucran en asuntos de adoración por solo entusiasmo, se apresuran a adorar a Dios sin conocer su voluntad al respecto, o pasándolo por alto, fue el caso de Caín, fue el caso de Nadab y Abiú, era el caso de los samaritanos, de quienes el Señor dijo: Vosotros adoráis lo que no sabéis,(Jn.4:22), es el caso de millones de adoradores. El Espíritu Santo en Eclesiastés 5:1-2 dice que a la hora de adorar a Dios debemos tener cuidado aun de lo que decimos; Que no debemos olvidarnos de la infinita diferencia que hay entre Dios y nosotros las criaturas. *Porque Dios está en el cielo, y tú sobre la tierra; por tanto, sean pocas tus palabras*. La adoración no es un asunto, de algarabías, llenas de palabras expresadas por meros impulsos emocionales e irracionales; la adoración es un asunto de pocas palabras, o palabras pensadas con cordura espiritual. En algunos lugares la adoración se caracteriza por

[8]*Reina Valera Revisada (1960).* 1998 (Ec 5.1-2). Miami: Sociedades Bíblicas Unidas.

algarabías que rayan en disparates o expresiones y actos irracionales, más parecido a los cultos que algunas culturas paganas dan a los demonios. Ya he dicho en exposiciones anteriores que la adoración a Dios implica unos requerimientos básicos que deben ser conocidos y tenidos en cuenta por todos quienes pretendan adorar a Dios, si desean ser aprobados por Dios en su adoración.

B. REQUERIMIENTOS BASICOS PARA SER UN ADORADOR APROBADO POR DIOS

La adoración es un asunto que requiere más que entusiasmo. La adoración bíblica requiere un conocimiento recto de Dios y de nuestra condición ante su justicia. Requiere un conocimiento adecuado de la obra redentora de Dios en Cristo. Requiere también la experiencia de la aplicación de esa obra en la vida personal. La adoración bíblica requiere una entrega total de nuestra voluntad a la voluntad de Dios. El término bíblico del que proviene la palabra, significa rendirse a los pies de alguien, denota humilde dependencia o sumisión amorosa. La palabra hebrea se emplea para describir la acción de un perro cuando se echa a los pies de su amo en señal de fiel, temerosa y afectiva sujeción.

Estrictamente hablando la adoración es la entrega total del corazón a la voluntad de Dios; La adoración es la expresión consiente de nuestra absoluta dependencia de Dios. Es la dedicación del ser completo única y totalmente a la admiración y honor de Dios, por lo que Él es y hace. Solo los redimidos pueden negarse a sí mismos y entregarse totalmente a la voluntad de Dios.

La Adoración bíblica comienza con el reconocimiento de la santidad de Dios y nuestra pecaminosidad, seguida del arrepentimiento y con versión por la fe en el Señor Jesucristo, y continua con la santificación mediante la obediencia a la palabra de Dios. Esto queda claro escudriñando las normas de culto dadas en la Escritura, de manera especial en Éxodo, Levítico, y en el Nuevo Testamento en el escrito a los hebreos.

La Escritura describe la adoración a Dios como un asunto santo, singular, puro; no un asunto folclórico cultural humano. El culto a Dios no es el escenario para exponer las tendencias o costumbres de las culturas humanas; no es el escenario para exhibir las dotes artísticas de ningún miembro de la iglesia, es la exposición especial de la cultura divina, la cultura del cielo. La cultura de los redimidos, la cultura de los que ya no viven para sí, sino para aquel que los amó y se entregó a si mismo por ellos para redimirlos de las culturas paganas, patrocinadas por el príncipe de este mundo. Gal. 2:20; Ef.2:1-10. El culto a Dios es el ambiente donde Se cultivan y se fortalecen las costumbres celestiales y se erradican las terrenales. Ro.12:2; Col.3:1-5. El culto a Dios es la exaltación de la majestad de Dios por parte de su pueblo redimido. No es meramente participar de actividades litúrgicas.

Algunos piensan que adora es meramente cantar, orar, escuchar sermones, leer la biblia, ofrendar, tomar la cena y nada más. Estos son elementos, actividades propias de la adoración, pero podemos estar haciendo de esas actividades ritos muertos, costumbres religiosas sin esencia espiritual.

Adorar es cantar, orar, leer la biblia, escuchar la exposición de la Escritura, ofrendar, tomar la cena, pero en el contexto de una vida en total y constante sumisión a Dios. Adorar a Dios es vivir según la disciplina bíblica cristiana en amor a Dios por la fe en Cristo.

La adoración verdadera es un asunto de conocimiento de Dios, de fe, de arrepentimiento, de conversión y absoluta sumisión a Él en Cristo. Sin conocimiento de Dios, sin fe en Cristo, sin arrepentimiento y conversión, sin sumisión completa y constante a los preceptos Bíblicos, nadie puede ser un verdadero adorador.

Adorar a Dios es crecer en el conocimiento y la gracia de Dios; adorar a Dios también es ministrar los dones particulares a los demás hermanos, (1ª. P.4:10) fortaleciendo la comunión que Dios nos ha dado en su Hijo Jesucristo, (1ª. Jn.1:6-7) para la mutua santificación en la cual debemos crecer juntos como un organismo vivo, mediante la dinámica de cada miembro (Ef.4:15-16): amándonos, exhortándonos, consolándonos, perdonándonos, reconciliándonos, fortaleciéndonos en la hermandad espiritual, respetando con humildad, la posición y autoridad que Dios ha dado a cada uno en su iglesia (Ro.12:1-21; 1ª. P.4:10; Ef.4:1-7).Todo ello para que Dios sea glorificado mediante nuestro testimonio al mundo Jn.17:21,23, por el amor a la verdad, Ef.4:15-16.

Adorar a Dios es reconocer, aclamar y hacer notoria su santa y suprema majestad. Adoramos a Dio solo en la medida y en los casos en que vivimos en conformidad con lo que Él es; dicho de otra manera: adoramos a Dios solo en los casos en los que vivimos en conformidad con su voluntad preceptiva, por la fe en Cristo, en el poder del Espíritu Santo, no conforme al espíritu del mundo. ¿Entendemos el contraste que implica esto, en cuanto a naturaleza y carácter de las operaciones de estos dos agentes: El Espíritu Santo y el espíritu del mundo?

El espíritu del mundo opera despertando y complaciendo los deseos naturales de la carne; Ef.2:2-3; el Espíritu Santo opera enseñando (1ª. Cor.2:12,13, por gracia Tit.2:11) y capacitando (Ro.8:1-2) a los creyentes verdaderos a renunciar a los deseos mundanos. De manera que la Adoración elaborada para complacen los deseos de la carne, no es Adoración a Dios, sino a la carne, en lugar de Dios; es Adoración idolátrica, profana, e insolente; no es Adoración espiritual. Esa Adoración debe ser reprendida y corregida.

Los que se conforman a ese tipo de Adoración y la defienden, es muy probable que no estén en Cristo, no conozcan realmente a Dios, no hayan nacido de nuevo, ni tengan al Espíritu de Dios operando en sus corazones. Si esto es asi, no son creyentes, son inconversos, religionizados, no son salvos, son perdidos, muertos a la verdad en sus tendencias carnales, son paganos con retazos de cristianismo, no vestidos de Cristo. Necesitan a Cristo, el evangelio, igual que el peor de los pecadores.

VI

LA ADORACION Y LOS ADORADORES QUE DIOS APRUEBA

Introducción

En el mundo, en general, hay tres clases de adoradores: los que adoran al Dios verdadero, los que adoran lo que no es Dios, y los que adoran a Dios y a lo que no es Dios. ¿A cuál de estas clases de adoradores pertenece usted? Déjeme decirle, amigo, que los que adoran lo que no es Dios, y loas que adoran a Dios y a lo que no es Dios, están claramente condenados por el primero y segundo mandamiento. Ex: 20:3-6; Is.42:8.

En cuanto a la adoración, en el mundo se pueden observar muchas clases de adoración, según sea el objeto de la misma, pero a los ojos de Dios solo hay dos clases de adoración: La adoración santa y la adoración profana. Toda adoración dirigida a lo que no es Dios es profana a los ojos de Dios; pero es necesario advertir que no toda adoración a Dios es realmente santa por el solo hecho de ser adoración a Dios. Esto es algo que he venido marcando desde el principio y atraves de todas estas exposiciones.

Hemos visto varios casos mediante los cuales la misma Escritura lo demuestra; vimos un caso en el que ministros legítimamente llamados al ministerio se vieron involucrados en adoraciones profanas. ¿Lo recuerdan? Lv.10. Ese caso nos enseña que no solo los paganos, los que no tienen ningún conocimiento de Dios incurren en adoración profana, los ministros legítimamente ordenados también pueden verse inclinados a incurrir en adoración profana. Todos los que adoran, y en especial los que guían al pueblo en la adoración, deben saber que Dios no acepta cualquier clase de adoración, este es el punto central de esta serie y continuamos sobre el mismo. Para Dios solo hay dos clases de adoración: La adoración que Dios recibe y la adoración que Dios condena, una es santa y la otra es profana; asi mismo Dios clasifica a los adoradores entre los que santifican su nombre y los que lo profanan; los primeros son aprobados y los otros son reprobados. Toda adoración a Dios cae en una de estas dos clases de Adoración: profana o santa; y todos los que adoran a Dios pertenecen a uno de estos dos grupos: Los que santifican su nombre y los que lo profanan. ¿Cuál de estas dos clases de adoración está dando usted a Dios, y a cual clase de adores pertenece? Si sabemos cuál es la adoración que Dios recibe, y cuáles son los adoradores que Dios aprueba, tendremos la respuesta a estas dos importantes interrogantes? Hay un pasaje que de manera sucinta trae respuesta a estas dos preguntas.

Jn.4:24

Dios es Espíritu; y los que le adoran, en espíritu y en verdad es necesario que adoren.

Antes de introducirnos en el contenido de este texto debemos tener encuentra ¿Quién hizo esta afirmación? ¿En qué contexto? y ¿Cuáles son sus implicaciones?

La afirmación que leemos en este versículo la hizo el mismo Señor Jesucristo. Si los anteriores pasajes expuestos y citados no nos son suficientes sobre el punto, en esta referencia tenemos las palabras del mismo Hijo de Dios, el único que conoce la voluntad de Dios de manera perfecta, quien es la palabra de Dios, (Jn.1-14; 1ª Jn.1:1-4) quien lo da a conocer, porque es Dios encarnado (Jn.1:18; 1Tm.3:16; Col.2:9).

¿Según la afirmación del Señor Jesús, cuál es la adoración que Dios recibe? La que es en espíritu y en verdad. La adoración que agrada a Dios no es una adoración cualquiera, ni son cualquiera los adoradores que pueden ofrecer esta clase de adoración. Con esta afirmación el Señor Jesús, pulveriza el concepto de que lo importante es adorar a Dios sin importar la manera. El Señor Jesús afirma de manera categórica que la única adoración aprobada por Dios es la que es en espíritu y en verdad. La interrogante que nos plantea esta afirmación del Señor es: ¿Cuál es esa Adoración? ¿Cuál es su esencia y su carácter? La forma correcta de saberlo es examinando el contexto de las palabras del Señor, y el texto mismo a la luz de la doctrina bíblica sobre el asunto, es decir: ¿Cuál fue la causa circunstancial de esta afirmación y qué es lo que el Señor estaba dando a entender con esas palabras?

De manera breve vamos a ver el contexto de la afirmación; luego las implicaciones de la afirmación; entendiendo esto ya tenemos las bases para determinar: ¿Qué es la adoración en espíritu y en verdad? ¿Quiénes son los verdaderos adoradores? y por ultimo ¿cómo afecta eso al culto colectivo?

A. CONTEXTO

Antes del año 926 a. C. las doce tribus de Israel habían sido una sola nación con un solo gobierno y normas de culto. En el año 926 a. C. las tribus del norte se rebelaron contra el Rey Roboam, hijo de Salomón, formaron otra nación, y modificaron el culto a Dios, adaptándolo a su conveniencia. Las otras dos tribus continuaron bajo el gobierno legítimamente establecido por Dios y adorándole mucho más con forme a las normas y los principios dados por Dios. De manera que de esa rebelión surgieron dos reinos: el de Israel, en el norte, con su capital en Siquem (hoy Nablús) y el de Judá, en el sur, con su capital en Jerusalén. En el año 875 a. C. el rey de Israel, Omrí, trasladó la capital a Samaria. En el año 740 a. C. los asirios conquistaron a las diez tribus del norte de Israel, se llevaron en cautiverio a los más sobresalientes de la nación y dejaron en su lugar a familias de otros lugares conquistados.

Las familias que quedaron de las diez tribus, se mesclaron con las familias foráneas; la descendencia de esta mescla, fue la que tomó el nombre de samaritanos por la ciudad capital de su territorio; ese pueblo mixto conservó parte de las creencias propias que Dios le había dado a su pueblo y continuo adorando al Dios verdadero pero no propiamente conforme a la doctrina que Dios había dado originalmente, la cual entre los judíos, era conservada con más fidelidad. Los samaritanos no creían en todo el Antiguo Testamento, solo en los primeros cinco libros: Génesis, Éxodo, Levítico, Números y Deuteronomio. Estas creencias separaron aún más a los samaritanos de sus vecinos judíos.

La afirmación que tenemos en estudio forma parte de una muy conocida conversación que tuvo el Señor Jesucristo con una mujer de esa comunidad. (Jn.4:1-42).Esta conversación tuvo lugar junto a la heredad que Jacob dio a su hijo José en Sicar, muy cerca de la ciudad de Samaria. El propósito del Señor al conversar con esa mujer era convertirla en una verdadera adoradora. La mujer ya era una adoradora, y adoraba al Dios verdadero, tenía nociones del Dios verdadero, pero su adoración aun no era sana, por tanto no era una verdadera adoradora (4:20); ella tal vez creía que lo era, pero para serlo necesitaba más que ser religiosa y tener nociones del Dios verdadero.

¿Qué necesitó esa mujer para ser una verdadera adoradora? Necesitó un nuevo corazón; Sin un nuevo corazón no es posible que una persona pueda agradar a Dios (Ez.36:26-27) ¿Qué necesitó para tener el nuevo corazón? Para ese cambio de Corazón necesitó conocer de manera personal quién es el Señor Jesucristo. ¿Cómo llegó a conocer al Señor de manera personal? Él tuvo que ir a su encuentro; pero aun teniéndolo cara a cara ella no lo pudo conocer; fue mediante su palabra que el Señor Jesús se dio a conocer a la mujer; con su palabra el Señor la persuadió y la llevó a la conversión redarguyendo su conciencia atraves del entendimiento de ella.

Con su palabra y de manera sencilla, atraves de la mente de la mujer el Señor le llegó a su corazón. En una conversación que parece casual, y partiendo de un bien físico, el agua, el Señor comenzó a despertar su interés por los bienes celestiales. (4:5-10). Cuando ella expreso su interés por lo que el Señor le estaba ofreciendo, de manera sutil pero contundente, él le hizo saber que para recibir las bendiciones celestiales tenia que reconocer su pecado, arrepentirse y convertirse. Al ser redargüida de su pecado por la palabra del Señor, ella comenzó a conocer quién es el Señor Jesús (Jn.4:16-19). Dijo la mujer: Me parase que tú eres profeta, fue la primera impresión que la palabra del Señor Jesús le causó; al principio de la conversación ella lo veía solo como un judío (Jn.4:9), a hora ya tenía la impresión que era un portador extraordinario de la palabra de Dios.
Esta primera impresión de la palabra del Señor cambio la dirección del interés en la mujer. Notémoslo en sus palabras. *Dijo la mujer: Nuestros padres adoraron en este monte*[9]*, vosotros decís que es en Jerusalén*[10] *donde se debe adorar* (4:20) argumentó ella de

[9] Este monte, al que se refirió la samaritana es el monte Gerazim, donde los samaritanos construyeron su templo. Cuando los judíos regresaron de su cautiverio a Jerusalén para reconstruir su templo, los samaritanos querían ayudar, pero los judíos no aceptaron su ayuda por qué no los consideraban "verdaderos". Luego los samaritanos trataron de detener a los judíos en la reconstrucción del templo, pero fracasaron en su intento, entonces decidieron construir su propio templo en el monte Gerazim, dejándole a sus generaciones el argumento de que ese es el lugar legítimamente otorgado por Dios, puesto que allí habían adorado sus patriarcas.

[10] Jerusalén era la ciudad que fue conquistada por el rey David, convertida en su morada y en santuario de Dios. 2ª Sam.5:6-9.Allí fue construido el templo destinado a contener el arca del pacto y las Leyes que Dios le dio a Moisés en dos tablas de piedra en el Monte Sinaí. Éste sería el único templo consagrado por Dios mismo para su adoración especial. (2º Cro. 6-7)

manera espontánea. La razón de la adoración de la mujer era una tradición ancestral, no la palabra de Dios. ¿Cuál es el fundamento de su adoración? Las palabras de la mujer reflejan una resistencia al cambio de tradición religiosa. Su intención era inquisitiva, pero su actitud era apologética, se olvidó del agua de vida para salir a la defensa de su sistema de adoración. Sintió amenazada su enramada espiritual. Pero el Señor Jesús, de manera sencilla y tierna le dijo:

4:21 *Mujer, créeme, que la hora viene cuando ni en este monte ni en Jerusalén adoraréis al Padre. 4:22 Vosotros adoráis lo que no sabéis; nosotros adoramos lo que sabemos; porque la salvación viene de los judíos. 4:23 Mas la hora viene, y ahora es, cuando los verdaderos adoradores adorarán al Padre en espíritu y en verdad; porque también el Padre tales adoradores busca que le adoren. 4:24 Dios es Espíritu; y los que le adoran, en espíritu y en verdad es necesario que adoren.*

El Señor no cayó en la discusión que las palabras de la mujer estaban planteando; no se puso a explicarle porqué se debía adorar en Jerusalén y no en otro lugar; hay razones bíblica cas para eso, pero no era lo pertinente; su objetivo era convertirla en verdadera adoradora, por tanto la llevó a la esencia del tema. Voy a parafrasear las palabras del Señor para ayudar a nuestro entendimiento a entenderlas. Lo que el Señor le dijo a la samaritana, fue algo asi: La verdad, mujer, viene el tiempo cuando la discusión si es en este monte o en Jerusalén, donde debéis adorar al Padre, ya no tendrá importancia. Aunque es verdad que ustedes, los samaritanos adoran sin conocimiento, y nosotros los judíos adoramos con conocimiento, porque la salvación viene atraves de los judíos; y el tiempo viene y ha llegado el tiempo cuando los verdaderos adoradores adorarán al Padre en espíritu y en verdad; porque estos son los adoradores que el Padre busca que le adoren. En este punto es importante aclarar que el Señor Jesús con estas palabras no está socavando la importancia del culto colectivo, destacado en la doctrina bíblica desde el antiguo pacto, como el sentido común lo ha asumido en muchos casos.

Para comprender correctamente las palabras del Señor a la samaritana, es necesario tener en cuenta la relación que hay entre las providencias, los mandamientos y promesas dadas por Dios en el antiguo testamento y sus propósitos eternos. Recordemos que Jerusalén era la ciudad que fue conquistada por el rey David, convertida en su morada y en santuario de Dios. 2ª Sam.5:6-9. Allí fue construido el templo destinado a contener el arca del pacto y las Leyes que Dios le dio a Moisés en dos tablas de piedra en el Monte Sinaí. Éste sería el único templo consagrado por Dios mismo para su adoración especial. (2° Cro. 6-7). Jerusalén era el lugar donde los verdaderos adoradores debían ir a adorar, por mandato de Dios. Según el antiguo pacto el lugar del culto colectivo era Jerusalén, porque a allí era el lugar donde estaba el Santuario terrenal de Dios símbolo del celestial, donde Dios había prometido estar, para atender de manera especial a los que le buscaren. 2° Cro. 6:17-39; 7:12-16. Todo el que se considerara pueblo de Dios debía dirigirse a Jerusalén, según lo designado por Dios para ser atendido de manera especial.

El Señor Jesús no está diciendo que hay un cambio en la doctrina de adoración, en la esencia, ni siquiera en la forma; afirmar alguna de estas cosas es poner entela de juicio la inmutabilidad divina. Decir que la doctrina de la adoración a Dios, su esencia y forma fue cambiada en el nuevo pacto, es decir que Dios es semejante a los hombres y más específicamente a las mujeres, que cambian de gusto, constante mente. La hora que llegó con el Señor Jesucristo, es el tiempo de cambiar de la sombra a la realidad; el tiempo de quitar el tipo para dar lugar al anti tipo, a la realidad que tipificaba el tipo. Esto no implica ningún cambio en la doctrina de la adoración, ni en su esencia, ni en la forma de la adoración sino en los mediaos de comunicarla y expresarla. Ya no sería necesario Jerusalén física para ir a adorar al Padre, porque su antitipo, la iglesia, seria en adelante la ciudad y el templo donde Dios estaría presente perpetuamente para atender y satisfacer las necesidades de quienes lo buscan. Lo que el Señor hizo con la samaritana fue dirigir su atención a la forma esencial de adorar, en lugar de devolverla a la sombra. Le estaba enseñando que el lugar como tal no es lo esencial e importante para los verdaderos adoradores, lo importante es su forma esencial, de manera que fue a allí, al punto de partida de la adoración verdadera a donde el Señor la llevó con su santa palabra. El primer acto de adoración verdadero de la samaritana fue reconocer al Señor Jesús como el Cristo, sin duda incluyendo su arrepentimiento, conversión, y el testimonio de su fe en él; testimonio que trajo a otros de sus paisanos a Cristo.

B. IMPLICACIONES

1. Primera implicación

Mencionaré esta implicación, primero, de manera negativa, es decir mostrando lo que no implica y luego de manera positiva. Negativamente: Ser religioso, tener nociones del Dios verdadero, y adorarlo, no implica verdadera adoración, y ser un verdadero adorador. Hay personas que son religiosas, tienen nociones del Dios verdadero y lo adoran, pero no son verdaderos adoradores, su adoración no es verdadera adoración al Dios verdadero. Era el caso de la mujer samaritana y el de muchos adoradores de estos tiempos presentes. Positivamente: La verdadera adoración a Dios, y ser un verdadero adorador de Dios, implica más que ser religioso, tener nociones de Dios, y adorarlo.

2. Segunda implicación

La verdadera adoración a Dios, y ser un verdadero adorador, implica la conversión del corazón, y la conversión del corazón implica un conocimiento personal del Señor Jesucristo; y un conocimiento personal del Señor Jesucristo, implica la persuasión de su palabra; y la persuasión de la palabra de Cristo implica la exposición del entendimiento a la palabra de Cristo.

Si el entendimiento de aquella mujer no hubiese sido expuesto a la palabra de Cristo, jamás su conciencia religiosa hubiese sido redargüida. Solo la palabra de Cristo redarguye la conciencia de un pecador (2Tm.4:16-17; Heb.4:12-13); si la conciencia de esa mujer no hubiese sido redargüida, su corazón no hubiese sido convertido. Solo por la palabra de Cristo el corazón de los pecadores es convertido (1ª P.1:23-25). Si el corazón de esa mujer no hubiese sido convertido jamás hubiese obtenido un conocimiento personal del Señor Jesucristo; y sin un conocimiento personal del Señor Jesucristo no hubiese conocido al Dios verdadero, porque solo el Señor Jesucristo da a conocer al Dios verdadero. Este es el testimonio apostólico: Jn1:18. A Dios nadie le vio jamás; el unigénito Hijo, que está en el seno del Padre, él le ha dado a conocer. Cristo es el único que tiene la facultad de dar a conocer al Padre: Mt.11:27. Todas las cosas me fueron entregadas por mi Padre; y nadie conoce al Hijo, sino el Padre, ni al Padre conoce alguno, sino el Hijo, y aquel a quien el Hijo lo quiera revelar.

C. LECCIONES

1. Primera lección

De lo que hemos visto de la afirmación del Señor Jesús, registrada en (Jn.4:24) y sus implicaciones, aprendemos que no se es un adorador en espíritu y en verdad por ser meramente religioso con nociones del Dios verdadero. Sin una conversión del corazón, nadie puede ser un verdadero adorador, y nadie puede experimentar una verdadera conversión sin un conocimiento personal de quien es el Señor Jesús; y nadie puede llegar a tener un conocimiento personal del señor Jesús sino mediante su palabra. Fue a partir del momento cuando esa mujer se dio cuenta de manera personal quien es el señor Jesús, que su corazón experimentó un cambio y se convirtió en una verdadera adoradora.

2. Segunda lección

Lo que hemos visto de la afirmación del Señor Jesús y sus implicaciones nos enseña que la adoración que Dios aprueba, implica no solo que esté dirigida al Dios verdadero, requiere un reconocimiento de la esencia misma de Dios,(veremos esto de manera más ampliamente luego) requiere conocimiento de lo que Dios ha revelado en cuanto a los requerimientos fundamentales para ofrecerla: los medios, los elementos para que sea acepta. Los samaritanos pretendían estar adorando a Dios pero el Señor le dijo a la samaritana que adoraban en ignorancia.Jn.4:22. "*Vosotros adoráis lo que no sabéis*". Esto Indica que la adoración no es un asunto de mera buena voluntad; indica que hay una instrucción en cuanto a la adoración a Dios que debe ser conocida y seguida para que Dios la vea como adoración y no como profanación. Ese conocimiento ha sido entregado a los judíos. "*Nosotros adoramos lo que sabemos*". El Señor mismo era judío, y poseedor de la plenitud del conocimiento de Dios; y lo que dice es que los judíos son receptores primarios de la instrucción que Dios ha dado para adorarle, de manera que quien quiera ser un verdadero adorador debe aprender de lo que le ha sido confiado a los judíos en la Escritura, no debe inventarse nuevas maneras de adorar a Dios.

VII

LA ADORACIÓN EN ESPÍRITU Y EN VERDAD

Volvamos al texto

Dios es Espíritu; y los que le adoran, en espíritu y en verdad es necesario que adoren.

Jn.4:24

Hasta este momento hemos estado discerniendo el contexto del texto y sus implicaciones, pero no hemos estudiado el texto propiamente.

Con el breve estudio que hemos hecho de la afirmación del Señor Jesucristo al respecto y sus implicaciones, ya hemos establecido las bases para llegar al entendimiento recto de lo que es la adoración en espíritu y en verdad. Según las palabras del Señor Jesús, tres son los requerimientos determinantes de la verdadera adoración a Dios.

1. Requiere reconocimiento de la esencia y carácter de Dios

Dios es Espíritu. Fue lo primero que el Señor a firmó. Quiere decir que no es un ser que se pueda ver y palpar con las facultades del cuerpo; y no es cualquier espíritu, es Espíritu Dios; y por ser Dios, es Espíritu, Santo, puro, todo poderoso y sabio, supremo, soberano, inmutable, infinito y eterno. Un ser con el que el hombre solo puede entrar en relación mediante las facultades de su espíritu: Su razonamiento, conciencia y voluntad; por lo cual la adoración a Dios no es una relación irracional, meramente instintiva, ni mecánica; es una relación inteligente, requiere tener conocimiento y convicción de quien es Dios, puesto que Dios hace ver su ira contra quienes le adoran guiados solamente por su sentido común o sus instintos religiosos, sin conocimiento verdadero de Él (Ro.1:18-28) y quienes no conocen a Dios serán quemados cuando Cristo venga 2ª Tes.1:7,8; la Escritura también enseña que quienes se acercan a Dios deben tener convicción, certeza de su existencia (He.11:6) no meramente nociones instintivas, porque la adoración a Dios requiere correspondencia inteligente decidida y cuidadosa a su majestad y autoridad, (Ecle.5:2) Correspondencia decidida y cuidadosa, puesto que es la relación entre una criatura, el hombre y el infinito y eterno Dios, por esto la biblia también dice: cuando fueres a la presencia de Dios acércate más para oírle que para ofrecerle sacrificios necios, porque Dios está muy por encima tuyo Ecl.5:2(paráfrasis personal).

2. Requiere que sea en espíritu.

La adoración a Dios es una actividad que ha de originarse y efectuarse en el espíritu del hombre, pues, es un ejercicio del alma del hombre guiada por el Espíritu Santo, dirigido a Dios; la adoración a Dios es la expresión en concierto de las facultades del espíritu impactado e impresionado por la santa divina majestad. Dicho más clara mente la adoración a Dios es el concierto de los sentimientos, emociones, pensamientos, movidas por la impresión de la hermosura del Ser y las obras de Dios y expresadas mediante las acciones del cuerpo, en obediencia a la palabra de Dios[11], exaltando al ser que le impresiona por lo que Es, hace y dice. (Ap.4:11; 5:11-14).

Una adoración meramente externa, que no proviene de las entrañas del alma impresionada por la grandeza de Dios, no es una adoración en espíritu; toda adoración, artificial, automática, mecánica, fría o indiferente e insensible, a la esencia y carácter de Dios no es una adoración en espíritu.

La Escritura enseña que no todo espíritu puede corresponder debidamente a la esencia y carácter de Dios. Hay personas cuya alma está incapacitada para reconocer a Dios y someterse a sus preceptos. Ro.8:7; por lo cual para que una persona pueda adorar a Dios en espíritu, necesita ser regenerada, Ez.36:26,27, Ningún alma irregenerada e inconversa puede ser un verdadero adorador; puede ser un ferviente adorador, pero no un verdadero adorador. El fervor en la adoración no necesariamente surge de la contemplación de la hermosura de Dios, puede nacer del deseo de impresionar a los demás adoradores o de la complacencia de sus deseos naturales. Ej. El gozo puede ser producido por el impacto del sonido de los instrumentos musicales o la melodía y el ritmo de las canciones, o por la calidad de la voz de los que cantan, o simplemente porque quiere mostrarse gozoso, no porque esta impactado por algún atributo de Dios. Hay cierto gozo cultural, folclórico,

[11] Las acciones físicas son adoración verdadera solo en la medida en que corresponden a l relación del espíritu del hombre con lo que es Dios.

característico de ciertas regiones; los costeños, por ejemplo, son gozosos por tradición; no porque andan impresionados por la majestad de Dios. Dios no se complace por el solo hecho de que estemos gozosos. El único gozo que agrada a Dios es el que resulta de reconocer y disfrutar de Él. Jr. 9:23-24; todo gozo que no sea en Él es profano, por lo cual los creyentes no deben gloriarse sino solo en Él Gal.6:14. El que tiene ese gozo se caracteriza, no porque andar riendo y bailando, sino por una aptitud de humildad y la conformidad en Dios aun a pesar de las adversidades. Hab. 3:17,18; Fil.4: 12.

Antes del nuevo nacimiento, el corazón del hombre está incapacitado para reconocer debidamente a Dios, complacerse en Él y dirigirse a Él de manera correcta o espiritual. La clase de actividad que corresponde a la esencia y carácter del único ser que es Espíritu, Santo, puro, todo poderoso y sabio, supremo, soberano, inmutable, infinito y eterno, solo puede ser entendida y realizada por quienes tienen un nuevo corazón y un nuevo espíritu, y además al Espíritu de Dios operando constantemente en su vida mediante la obediencia a los preceptos divinos, dados en la Escritura, Ez.36:26-27, enseñando, redarguyendo, corrigiendo y ejercitando al que es de Dios para perfeccionarlo en toda buena obra; porque el hombre no regenerado no percibe las cosas que son del Espíritu de Dios, porque para él son locura y no las puede entender; 1ª Cor.2:14.

Adorar en espíritu no es solo adorar de corazón o sinceridad ferviente, porque no es solo una actividad instintiva del espíritu del hombre, sino una actividad consiente, racional, sabia e inteligente, del espíritu del hombre, impactado por la grandeza de Dios, dirigido por el Espíritu Santo, que corresponde a la naturaleza y carácter de Dios; esto hace necesario el siguiente requisito mencionado por el Señor Jesucristo.

3. Que sea en verdad

¿Qué significa esto? Significa no solo que la adoración no sea superficial, fingida; también quiere decir que lo que se exprese como adoración a Dios, debe corresponder a la realidad de lo que es Dios en su esencia y carácter; para lo cual el adorador además de conocer que Dios es Espíritu infinito, eterno, todo poderoso, sabio, puro y santo, necesita saber como relacionarse con Él. No solo requiere un corazón virtualmente capacitado para relacionarse con Dios, sino también un conocimiento apropiado de Dios, de los medios y la manera de

relacionarse con El. El verdadero adorador se delita en Dios, no en sus gustos naturales, carnales, y nadie puede deleitarse en Dios sin conocerle.
La verdadera adoración no solo requiere un nuevo corazón y un nuevo espíritu, también requiere una mente iluminada con la palabra de Dios. La caída del hombre en el pecado no solo incapacitó nuestro corazón para amar a Dios y someternos a su santos preceptos,(Ro.8:7) también entenebreció nuestro entendimiento (Ef.4:17) distorsionó la visión de Dios que le fue dada originalmente al hombre; y aunque el nuevo nacimiento capacita al regenerado para oír, entender y obedecer la palabra de Dios, no trae inmediatamente todo el conocimiento que la nueva criatura necesita para adorar a Dios en verdad.

Aun el hombre regenerado, puede seguir adorando a Dios de maneras supersticiosas y mundanas, y de hecho tiende a importar su tendencia al interior del templo de Dios (Ro.12:1-2), la iglesia (1ª Cor.3:16;2ª Cor.6: 16). Solo en la medida en que la nueva criatura es iluminada con la palabra de Dios y por la fe en Cristo en el poder del Espíritu Santo se somete en obediencia a ella, solo en esa medida su adoración es santificada en la práctica, por la palabra de Dios. Sin conocimiento de Dios, sin sumisión completa y constante a los preceptos Bíblicos, nadie puede ser un adorador en verdad. La adoración en verdad requiere la abundancia de la palabra de Cristo morando en el corazón de los adoradores. Observe la siguiente exhortación del apóstol Pablo a los nacidos de nuevo que vivían en Colosas (Col.3:16,17)

> 3:16 La palabra de Cristo more en abundancia en vosotros, enseñándoos y exhortándoos unos a otros en toda sabiduría, cantando con gracia en vuestros corazones al Señor con salmos e himnos y cánticos espirituales.
> 3:17 Y todo lo que hacéis, sea de palabra o de hecho, hacedlo todo en el nombre del Señor Jesús, dando gracias a Dios Padre por medio de él.

Según esta Escritura, los nacidos de nuevo necesitan ser permeados por la palabra de Cristo para que puedan rendir adoración espiritual, santa a Dios. La santificación verdadera, en todas las áreas de la vida, ocurre mediante la obediencia a los preceptos divinos por la fe en Cristo, lo demás es moralidad pagana. La adoración a Dios en verdad requiere el reconocimiento de la majestad de Dios y la total rendición a su autoridad y gracia. Solo las personas que tienen un corazón regenerado, con un espíritu renovado y una mente iluminada por la palabra de Dios, se niegan a sí mismas, para vivir en total sumisión a su creador y salvador. Ef. 2: 1-3; Gal. 2:20. En síntesis, adorar en espíritu y en verdad depende primero, del estado del corazón en relación con Dios; segundo, de la madures en el conocimiento de Dios y la obediencia a su palabra por la fe en Cristo en el poder del Espíritu Santo. No puede haber adoración en verdad a expensas de la verdad.

VIII
LA ADORACION CORPORATIVA, EL ESTADO DEL CORAZÒN, Y LA MADURES CRISTIANA

¿Afecta el estado del corazón y la madures en el conocimiento de Dios la adoración corporativa? Indudablemente.

El Señor Jesucristo afirmó categóricamente que la adoración que le agrada al Padre es la que es hecha en espíritu y en verdad. A la luz del contexto del pasaje y la enseñanza de la Escritura sobre el tema, he estado mostrando que adorar en espíritu y en verdad depende del estado en que se encuentre el corazón en relación con Dios, y de la madures del neonato en el conocimiento de Dios y la obediencia a su palabra por la fe en Cristo en el poder del Espíritu Santo. Esto nos lleva a comprender las dos causas generales de la corrupción del culto en la iglesia de Cristo. Una de esas causas de corrupción del culto a Dios, dentro de la iglesia es la siguiente:

1. Religiosos inconversos

Un corazón no regenerado está totalmente incapacitado para contemplar, reconocer, admirar y deleitarse en el Dios verdadero, es enemigo de Dios y de sus preceptos (Ro.8:7) por lo tanto está totalmente incapacitado para adorar a Dios en espíritu y en verdad; su adoración aunque sea sincera, elaborada y ferviente, no es verdadera adoración, es adoración profana. De manera que si los involucrados en la preparación, dirección y expresión del culto colectivo no son personas verdaderamente regeneradas, es imposible que esa adoración sea verdadera adoración a Dios, y aunque es adoración colectiva, no es adoración corporativa en espíritu y en verdad. La adoración corporativa en espíritu y en verdad, no puede ser dada sino únicamente por los que son realmente miembros del cuerpo de Cristo, los que en él han sido hechos nuevas criaturas, no por los que solo son miembros de manera nominal e institucional de la iglesia.

Los que solo son religiosos, pero no nuevas criaturas, siempre van a hacer todo lo posible para introducir al culto sus tendencias carnales porque ellos no saben sino adorarse a sí mismos, aunque presumen de adorar a Dios, no entienden ni le dan importancia a preceptos como los de Ro.12:1-2. No entienden lo que significa no conformarse a este mundo, se resisten a negarse a sí mismos, no están dispuestos a ofrecerse a Dios en sacrificio vivo, santo agradable a Dios, que es el culto inteligente; No están dispuestos a hacer esto porque lo que quieren es agradarse a sí mismos, por lo cual procuran introducir todo lo que puedan de su cultura y su folclor al templo de Dios, lo cual no es inteligente, es irracional espiritualmente hablando. Lo racional según el mandato apostólico es no conformarse a la forma como el mundo se adora asimismo; ese es el culto inteligente; no imitar al mundo es el sacrificio que honra a Dios; la voluntad agradable y perfecta de Dios para los suyos, es que no imitemos al mundo.

En la medida en que estos religiosos inconversos se infiltran en el templo de Dios, la iglesia, y toman posiciones de liderazgo, en esa misma medida corrompen el culto, y en lugar de ofrecer un culto santo, lo hacen profano. Estas personas no deben estar en posiciones oficiales en la iglesia de Cristo, aun no conocen a Cristo, no pueden ver el reino de Dios, deben sentarse, y se les debe predicar el evangelio puro de Cristo has que nazcan de nuevo, para que entonces puedan ver el reino de Dios, y distinguirlo del reino de las tinieblas. Si no se hace eso, continuarán mundializando la iglesia hasta convertirla en sinagoga de Satanás. Si no están dispuestos sacrificar su tendencias carnales, sino están dispuestos a no conformarse a este mundo, (Ro.12:1-2), sino están dispuestos a crucificar su carne con sus pasiones y deseos (Gal. 5:24;), sino están dispuestos a andar conforme al Espíritu (Ro.8:12), sino están dispuestos a recibir la sana doctrina; Jamás se les debe delegar funciones oficiales en la santa iglesia de Cristo, no importa el talento natural que tengan, y aunque se vayan de la iglesia; y si se van no hay que detenerlos, pues se van porque no pueden soportar la sana doctrina; si se van es que el Señor los ha expulsado, con su palabra, porque no son miembros de su cuerpo, sino parásitos que lo enferman. Si no se conforman a la sana doctrina es mejor que estén fuera de la iglesia, eso es lo más saludable para la iglesia. La otra causa de corrupción del culto a Dios dentro de la iglesia es la siguiente:

2. Conversos inmaduros

Los conversos inmaduros son los que por un pastoreo inadecuado o por dejación propia, no han alcanzado la madures en el conocimiento de Dios y la obediencia a su palabra por la fe en Cristo, en el poder del Espíritu Santo. Estos hermanos son los que no han sido ejercitados en la piedad (1ª Ti. 4:6-10); muchas de sus actividades son realizadas por sentido común y buena voluntad, siguiendo e imitando a los que consideran ser sus líderes, no por convicciones propias radicadas en un conocimiento íntimo de las verdades bíblicas resultado de su escudriñar la palabra de Dios en el Espíritu Santo.

Esta madures implica mucho más que acumular una gran cantidad de información teológica bíblica en el cerebro; esta madures es el resultado de la experiencia intima de las verdades divinas en la comunión con ese Dios que se ha revelado de manera general en la creación y de manera muy especial en la Escritura, la biblia. Jn.1:18:5:39.

La falta de madures en el conocimiento de Dios, hace a muchos creyentes verdaderos, víctimas de personas con liderazgo religioso pero privadas y aborrecedoras de la verdad. Hay doctrinas que han surgido por inspiración de demonios para alimentar las fantasías religiosas del corazón caído (1ª Ti.4:1; 2ª. Ti. 4:3); y hay agentes de Satanás, con la habilidad de introducir esos fascinantes pero malvados conceptos a la iglesia para distraer a los creyentes e impedir que sean edificados en la verdad pura, Ef.4:14.

Usted que lidera en la iglesia puede ser uno de estos agentes de corrupción; mire bien que lo que está promoviendo sea en verdad, la palabra de Dios y no sus inclinaciones carnales como si fueran palabra de Dios.

Y usted hermano que se atiene solo a lo que otros le dicen de lo que dice la Escritura, sea responsables consigo mismo, lea y medite en la Escritura en oración, para que pueda madurar en el conocimiento de Dios, a si no será víctima del engaño que promueven los agentes del error, (Ef.4:14-15) ni del engaño de su propio corazón.Jr.17:9; Sal.119:97-130.

Escuche y haga caso a la exhortación inspirada que dice: Desechando, pues, toda malicia, todo engaño, hipocresía, y todas las detracciones, desead, como niños recién nacidos, la leche espiritual no adulterada, para que por ella crezcáis para salvación, Acercándoos a Cristo, piedra viva, desechada ciertamente por los hombres, más para Dios escogida y preciosa, vosotros también, como piedras vivas, sed edificados como casa espiritual y sacerdocio santo, para ofrecer sacrificios espirituales aceptables a Dios por medio de

Jesucristo. 1a.P.2:1-5. Así que, hermanos, les ruego por, *el honor de* las misericordias de Dios, que presenten vuestros cuerpos en sacrificio vivo, santo, agradable a Dios, que es vuestro culto inteligente. No os conforméis a este siglo, sino transformaos por medio de la renovación de vuestro entendimiento, para que comprobéis cuál sea la buena voluntad de Dios, agradable y perfecta. Ro.12:1-2

❖ Las almas regeneradas

Los creyentes espiritualmente maduros, son los que sacrifican sus gustos personales para agradar al Dios que los creó y lo redimió para formar un pueblo santo, apartado, de las tendencias naturales del mundo.

Los creyentes maduros en el conocimiento de Dios, procuraran agradar a Dios antes que a sí mismos en todo. Un alma regenerada y madura en el conocimiento de Dios, no puede sentirse cómoda tomando el culto como un escenario para exhibir sus talentos y hacer de él un show o espectáculo para el entretenimiento y distracción de los demás asistentes[12]. Las almas regeneradas y maduras en el conocimiento de Dios, procuraran evitar cualquier cosa que llame la atención a sí mismas, o que se convierta en distracción, porque cuando alguien se distrae en el culto ya deja de contemplar a Dios y por ende también deja de adorarle. Esta es la razón por la que al frente, en la plataforma, en el lugar de la dirección de la adoración, no debe estar sino el director del culto y el predicador, y eso únicamente el tiempo correspondiente a su tarea; tan pronto termina su oficio, debe volver a ubicarse entre la congregación, como todos y uno más de ella; esta es la misma razón por la que no permitimos presentaciones especiales, de solos, dúos, coros, u obras de teatro en la capilla, como parte del culto, puesto que el culto no es el lugar, ni el momento para la exaltación de ningún ser diferente a Dios, ni de los talentos particulares de ninguno de los miembros de la iglesia.

❖ El enfoque del culto. D5:1,2

El enfoque de los participantes del culto público es la contemplación de la gloria de Dios; y toda la actividad del culto público debe centrarse en la exaltación de la gloria de Dios. El

[12] Martínez Javier. In edito

culto público es la aclamación y proclamación colectiva, solemne y jubilosa, de la majestad de Dios, por parte de quienes la hermosura de Dios mantiene impresionado sus corazones. Observe todo esto en el más claro ejemplo de culto público, Ap. 4:2-11; 5:11-14. Esos quienes la grandeza de Dios impacta su alma, solo procuran que todas las demás criaturas disfruten no contemplándose a sí mismas sino, contemplando la gloria de Dios. Ap.5:13-14.
Todas las actividades del culto deben estar diseñadas para llamar la atención a la majestad divina únicamente. Lo que es Dios, es el objeto de la adoración, y el principio regulador de las acciones de sus adoradores. De manera que el culto público debe tener una forma que corresponda al ser adorado. La adoración pública debe ser solemnemente santa, no folclórica. El folclor llama la atención al talento humano; lo santo llama la atención a contemplar al Santo de los santos. La solemnidad bíblicamente entendida, es diferente a la idea que ha transmitido la iglesia Romana, que sugiere una actitud sepulcral.

La solemnidad bíblica, implica temerosa y afectiva sujeción; Dicho de manera amplia, La solemnidad bíblica, implica asombro y admiración, satisfacción y temor, confianza y respeto, jubilo y reverencia, alegría y orden, gozo y cordura, gratitud y sujeción a la autoridad de la majestad divina. Estas actitudes son propias de los que han aprendido a adorar en espíritu y en verdad. Estas actitudes caracterizan la esencia de la adoración que es en espíritu y en verdad, lo demás es secundario. La combinación de estas actitudes son las que le dan forma a la adoración corporativa y evidencian que sus participantes, adoran en espíritu y en verdad. Es mediante la adoración que se caracteriza por estas actitudes que la iglesia de Cristo se distingue del mundo y resplandece sobre él.

Lamentablemente esto no es lo que se puede ver en la mayoría de las iglesias que se autodenominan cristianas; Lo que caracteriza a la mayoría de las iglesias populares, es el folclor, la irreverencia, el desorden, la algarabía; el exhibicionismo de lo humano, o la frialdad sepulcral. Los cultos están diseñados para entretener y complacer las tendencias naturales de la feligresía, no para exaltar la hermosura de la naturaleza y carácter del que es absolutamente otro, no para exaltar al que es absolutamente diferente al mundo, no para exaltar al que es absolutamente santo. Esto sucede sin lugar a dudas, porque las iglesias están llenas de religiosos inconversos, o de creyentes inmaduros en su conocimiento del

Dios que adoran; es posible que aun sus pastores y líderes también sean inconversos o inmaduros en su conocimiento de Dios; de lo contrario hubiesen impedido tal corrupción, aunque les costara la vida.

Tanto los pastores y sus líderes, como la feligresía de estas iglesias, necesitan volverse a Cristo para que Él les muestre de donde han caído, les lleve al arrepentimiento, (Ap. 2:5) les perdone, les convierta y les santifique en su santa palabra (Jn. 17:17), y santificados en su palabra, vuelvan a darle a la adoración la forma que corresponde a la absoluta santa y suprema majestad.

Si no lo hacen, el día del juicio, lo más probables es que escuchen del Señor las palabras registradas anticipadamente en Mt.7:23: Nunca os conocí, apartaos de mí, hacedores de maldad. ¿Ninguno de ustedes desea ser objeto de esta sentencia, verdad? Entonces no haga caso omiso a estas exhortaciones de carácter profético bíblico[13], y haga las correcciones pertinentes.

[13] Profética bíblica, porque han sido extraídas de la verdad bíblica sobre el tema, por la iluminación que ha dado a su amado iglesia atraves de la historia, mediante el ejercicio de la sana exegesis y hermenéutica, no por inspiración o revelación directa a ninguno de los expositores que han aportado al entendimiento de estas verdades.

LA MUSICA
EN LA ADORACIÒN A DIOS

1ª.P.4:11

Si alguno habla, hable conforme a las palabras de Dios; si alguno ministra, ministre conforme al poder que Dios da, para que en todo sea Dios glorificado por Jesucristo, a quien pertenecen la gloria y el imperio por los siglos de los siglos. Amén.

Stg.1:19

Por esto, mis amados hermanos, todo hombre sea pronto para oír, tardo para hablar, tardo para airarse.

- Introducción

Cuando anuncié a la iglesia que iba a comenzar a hablar de la música en el culto, una persona me dijo: ¡Huy! ¡Qué tema tan complejo! ¿Usted está preparado para hablar de música en la iglesia? ¿Qué tanto sabe usted de música? Mi respuesta fue: Déjeme oír su pregunta un poco más.

Hay un periodista de CNN que casi siempre despide su programa diciendo: el secreto del buen hablar es saber escuchar. Aunque este dicho es una caricatura de lo que dice Santiago: Todo hombre sea pronto para oír y tardo para hablar. Stg.1:19. En ambas versiones el problema que enfoca es el mismo y el principio para resolverlo también. En ambos casos se asume que oír no es un ejercicio sencillo, detrás de lo que se dice hay percepciones, perspectivas, expectativas, concepciones y tendencias; lo que implica que es necesario oír con cuidado para poder responder con certeza.

La pregunta parece sencilla pero al oírla me causó cierta preocupación. Pensé: Es posible que estas mismas inquietudes e interrogantes estén en alguno otro hermano. A sí que pensé que sería bueno responderla en público como parte de la introducción al tema. De manera que ha llegado el momento de responder esta pregunta.

Eta pregunta enmarca una preocupación, que sin duda surge de una percepción personal relacionada con el tema anunciado, y la misma puede tener diferentes significados. Si la pregunta: ¿Qué tanto se de música? Significa ¿cuantos instrumentos musicales se tocar y que géneros y obras musicales puedo ejecutar? la respuesta no tiene importancia para el tema. Tendría importancia, si yo hubiese dicho que iba a comenzar a enseñar música en la iglesia; pero eso no fue lo que anuncie. Comunicar no es sencillo, el comunicador debe estar bien seguro delo que comunica, pero oír también es complejo, implica una gran responsabilidad, por lo cual tengo que hacerles la advertencia del Señor Jesucristo: "Mirad pues como oís" Lc.8:18. Escuchen con los oídos del espíritu, no con los oídos de la carne; disciernan con los principios de la palabra de Dios, no con las inclinaciones de su corazón. No estoy regañándoles, estoy orientándoles, pues, el buen entendimiento no depende solo de la recta comunicación, depende también de los patrones de interpretación que cada quien emplea al oír.

Para quien puedan tener esas inquietudes, les respondo preguntándoles lo siguiente: ¿Es necesario saber música para predicar respecto a la música en el culto a Dios? No estoy evadiendo la pregunta, la estoy respondiendo, dando la oportunidad a que consideren donde está la importancia del asunto. Algunos erróneamente creen que los que saben música son quienes son aptos para determinar cuál es la música apropiada para acompañar los cantos en el culto. Esto es lo mismo que creer que quienes son expertos en los idiomas bíblicos son quienes pueden interpretar la Escritura de manera infalible. Paul Tillich, Martín Heidegger, y Rudolf Karl Bultmann; fueron teólogos con un destacado conocimiento de los idiomas bíblicos; sin embargo fueron autores de las grandes aberraciones sobre la persona y la obra histórica del Señor Jesucristo.

No creo que sea necesario saber música para predicar respecto a la música en el culto; ¿Qué es lo realmente necesario para predicar en cuanto a la música en el culto? Lo realmente necesario para este tema es saber lo que dice la biblia respecto a la música en el culto a Dios. En otras palabras: Lo único necesario para predicar respecto a la música en el culto a Dios, es saber lo que Dios mismo dice de la música en el culto que Él demanda.

En cuanto a la complejidad del tema debo decir que sí es complejo. Pero les pregunto: ¿Saben dónde está la complejidad? ¿Saben cuál es el factor que lo hace complejo? No es Dios quien lo ha hecho complejo, ni la biblia? Creo que Dios es suficientemente sencillo y claro sobre el tema. Quién lo ha complicado es el corazón caído, patrocinado por el príncipe de la potestad del aire, el espíritu que opera en los hijos de desobediencia.

La música es uno de los elementos con los cuales Satanás, directa e indirectamente, ha causado más daño a la adoración que debemos dar a Dios. No se puede negar que uno de los elementos que causan más discusión entre los cristianos, en relación al tema de la adoración, es la música. Mencionar este tema, en una reunión de Creyentes, es como prender dinamita a la reunión, enciende las pasiones de los hermanos hasta hacerlas explotar con tanto poder que es capaz de fragmentar la comunión. Es por eso que he procurado echarle un poco de agua antes de comenzar a exponer este tema.

El tema de la música en la adoración ha generado discordias y resentimientos entre los creyentes. ¿Por qué? Porque de una u otra manera este elemento afecta los intereses de todos de manera importante. La música es algo que ha logrado ocupar un lugar de mucha importancia en el corazón humano, aun en el de algunos hermanos. Para algunos creyentes la música tiene tanta importancia, que en su corazón está por encima del amor fraternal; algunos creyentes están dispuestos a sacrificar el amor fraternal en lugar de su concepción y gusto personal por la música. Es evidente que Satanás ha tenido la habilidad de poner la música en el lugar de Dios. Esta es la razón por la que algunos ministros en algún momento han decidido eliminar el uso de la música en el culto.

Para algunos creyentes, la música, es tan importante que incluso, piensan que un culto donde no haya buena música no es un culto agradable, piensan que es un culto sin vida, y hasta se van de una congregación que no tenga música o que la música que acompaña los canticos del culto no es de su agrado. Ustedes mismos pueden darse cuenta que lo que complica el correcto entendimiento de la música en el culto a Dios es el medio de evaluación e interpretación que cada quien usa para evaluar el asunto. La mayoría lo evalúan mediante sus inclinaciones y gustos naturales. Pregunto: ¿Quién está detrás de los deseos de la carne? Ef.2:2-3. Cuando una persona, aun si es creyente evalúa algo por sus gustos personales, naturales, está usando como principio de juicio, un patrón propuesto por Satanás en lugar de la palabra de Dios.

Mientras este sea el medio de evaluación jamás, alguien llegará a la comprensión recta del asunto; mientras los creyentes tengamos nuestras tendencias naturales como regla de evaluación jamás llegaremos a la unidad de pensamiento en este tema, ¿Por qué? Porque cada quien tiene sus propios gustos y tendencias musicales según la época y lugar donde haya vivido. ¿Es así o no es así? ¿Qué es lo que manda el Espíritu de Dios al respecto? Ef.4:22-24. ¿Saben cuál es la única manera de descompilcarnos respecto al tema? Ef.4:15-16; Jn.17:17; Ro.12:1-3.

La única manera de descompilcarnos con el tema, es viéndolo como Dios lo ve, y poniéndolo en el lugar que Dios lo ha puesto; no hay otra alternativa; mientras lo veamos atraves de nuestro sentido común caído, nuestros sentimientos y pasiones naturales, es imposible desenredarnos del enredo en el que nuestra carne nos ha envuelto con el auspicio de Satanás.

Con la gracia de nuestro Dios, estaré guiándoles en este tema atraves de la Escritura en segmentos encabezados por las siguientes preguntas, buscando en ella la respuesta a cada una de ellas:

I. ¿Qué es la música?
II. ¿Cuál es el origen de la música?
III. ¿Se puede adorar a Dios con música?
IV. ¿Cuál es la música que le agrada a Dios?
V. ¿Qué importancia tiene la música en la adoración?
VI. ¿Cuáles instrumentos pueden ser usados en la adoración?
VII. ¿Cuál es el objetivo de la música en la adoración?

Creo que estas preguntas encierran la esencia del tema; su respuesta nos ayudará a adquirir una concepción coherente y bíblica respecto al tema. ¿Tiene usted una respuesta a estas preguntas? ¿Cuál es la respuesta que cada uno de ustedes tiene en su cabeza a estas preguntas? Para que pueda certificar si su concepción es bíblica, escriba en su cuaderno de notas la respuesta que tenga, de la manera más concreta que pueda; al final del estudio bíblico sobre el tema podrá darse cuenta qué tan bíblica era su concepción; también escriban su respuesta en un papelito, le pone su nombre y lo depositan en la urna de concepciones personales sobre la música, luego las estaré leyendo; de esta manera podré tener una perspectiva de lo que cada quien piensa, así podré guiarles mejor atraves de la biblia en el estudio de este tema.

LA MUSICA

EN LA ADORACIÒN A DIOS

Comencemos con el primer segmento. Les ruego su paciencia; yo sé que ustedes quieren llegar de un salto al punto, pero quiero que vayamos despacio mirando el tema a la luz de la Escritura para poder desboronar las ideas equivocadas que pueda haber en nuestras mentes, sin destruir las correctas. Vamos a la pregunta que encabeza el primer segmento.

I. ¿QUÉ ES LA MÚSICA?

Debo comenzar diciéndoles que de manera explícita la Escritura no da respuesta a esta pregunta. ¿Por qué? La razón por la que Dios no da una definición específica es porque asuntos como este pueden ser fácilmente inferidos mediante el ejercicio del sentido común. Pero aunque la biblia no provee la respuesta de manera explícita, si tiene información que nos conduce a la respuesta correcta. Miremos.

1ª Co.14:7,8

> *Ciertamente las cosas inanimadas que producen sonidos, como la flauta o la cítara, si no dieren distinción de voces, ¿cómo se sabrá lo que se toca con la flauta o con la cítara?*
>
> *14:8 Y si la trompeta diere sonido incierto, ¿quién se preparará para la batalla?*

Este pasaje permite definir la música desde dos puntos de vista. ¿Cuáles son esos dos puntos de vista desde los cuales el apóstol define la música en este pasaje? Desde el punto de vista técnico y desde el punto de vista, psico-anímico, es decir, por su composición y sus efectos psico- emocionales.

Este pasaje no menciona la palabra, música, pero si dice como se produce la música y nos da nociones de sus usos. El pasaje dice que la música se produce a partir de elementos inanimados que emiten sonidos. Este dato nos lleva a su definición por composición.

A. Definición técnica

Con la información que nos da el apóstol en el pasaje, la música se puede definir como la combinación técnica de sonidos emitidos con propósitos específicos a partir de elementos inanimados manipulados por algunas personas. Las definiciones que han dado los expertos están en muy buena armonía con la que se infiere del texto bíblico. E aquí algunas de las más clásicas:

- La música es la combinación de sonidos y silencios arreglados melódica y rítmicamente.
- Es el arte de organizar sensible y lógicamente una combinación coherente de sonidos y silencios utilizando los principios fundamentales de la melodía, la armonía y el ritmo, mediante la intervención de complejos procesos psico-anímicos.[14]

No hay diferencia esencial entre la definición que los expertos dan y la que inferimos de la información que nos provee el pasaje. En el mismo pasaje el Espíritu Santo hace saber que la música es elaborada para comunicar mensajes inteligibles, es decir, mensajes que pueden ser entendidos y ejecutados por aquellos a quienes están dirigidos. Esta información nos lleva a la otra definición:

3. Definición psico-anímica

Teniendo en cuenta la información que el apóstol nos da, la música cumple funciones similares a las de la palabra; de manera que la música también se puede definir como un lenguaje con el cual se puede impartir ordenes que pueden ser entendidas y ejecutadas por el cerebro de los receptores. Partiendo de la información que nos da el texto bíblico, se infiere inequívocamente que la música es un medio de comunicación que puede ser usado para emitir mensajes que afecten la mente humana con propósitos diferentes, según la intención del productor de la obra musical. Ejemplo, un toque de trompeta, puede tener la capacidad de emitir una orden muy compleja, como: levántese, vístase, cíñanse las armas, póngase en guardia y ataque.

[14] http://es.wikipedia.org/wiki/M%C3%BAsica

La música también tiene el poder de apoderarse psicológica y anímicamente de una persona de tal manera que no desee otra cosa diferente a escuchar música. Los sonidos pueden ser organizados en patrones rítmicos con el poder de despertar sensaciones y deseos incontrolables. Es interesante mencionar aquí lo que hace muchos siglos decía Aristóteles: "Si una persona escucha habitualmente música que provoca en él pasiones innobles, todo su carácter será moldeado de una manera innoble. En otras palabras, si alguien escucha música de naturaleza mala, se volverá una persona de naturaleza mala. Y si, por el contrario, escucha música buena, tenderá a volverse una persona de naturaleza buena[15]. Aristóteles está usando la palabra naturaleza en lugar de carácter". La científica, psicóloga y periodista, Alejandra Folgarait, dice: Hasta la música que jamás se escuchó antes es capaz de desencadenar una tormenta neuroquímica que se extiende por distintas áreas de la corteza cerebral y se expresa en una sensación de gratificación y, en ocasiones, en la decisión de volver a escuchar la misma música, aunque cueste plata.

La música es una composición inteligente de sonidos con asombroso poder psico-anímico. Es evidente que aun los analistas no cristianos reconocen que la música no es neutral, reconocen que la música influye poderosamente los sentidos de quienes son puestos bajo su influencia; contiene y cumple designios de sus agentes creadores.

[15] http://www.monografias.com/trabajos94/musica-como-influencia-patrones-comportamiento-del-ser-humano.shtml

II. ¿CUÁL ES EL ORIGEN DE LA MÚSICA?

Algunos creyentes sostienen que Dios es el creador de la música; otros dicen que Satanás. ¿Cuál es la verdad? La respuesta a esta pregunta es compleja por cuanto es tanto objetiva como subjetiva.

A. OBJETIVA

La parte objetiva responde al ¿cuándo? y al ¿cómo? Objetivamente la respuesta se obtiene desde el punto de vista histórico y el punto de vista técnico.

1. Desde el punto de vista histórico

Los historiadores no bíblicos han generado versiones diferentes como respuesta histórica a esta pregunta; algunos dicen que se originó en tiempos prehistóricos como un lenguaje o medio de comunicación; otros dicen que se originó en las tribus primitivas, con el intento de imitar los sonidos de la naturaleza.

El primer registro histórico bíblico relacionado con la música lo hallamos en Gn.4:21. Según este dato Jubal, sexto descendiente de Caín fue la primera persona en elaborar instrumentos musicales y en ejecutarlos armoniosamente. De este mismo dato se infiere que Jubal fue el primer creador por lo menos de dos tipos de música. La de flauta y la de arpa.

2. Desde el punto de vista técnico

El mismo pasaje que tomamos para definir, Qué es la música, nos provee la información necesaria para responder de manera sencilla y contundente a esta segunda pregunta. Volvamos al pasaje:

> 1ª Co.14:7. *Ciertamente las cosas inanimadas que producen sonidos, como la flauta o la cítara, si no dieren distinción de voces, ¿cómo se sabrá lo que se toca con la flauta o con la cítara? 14:8 Y si la trompeta diere sonido incierto, ¿quién se preparará para la batalla?*

En este pasaje el apóstol Pablo da por hecho que la música es producida a partir de sonidos y los sonidos se producen a partir de elementos inanimados manipulados por algunas personas. Menciona tres instrumentos musicales; la flauta, la cítara, y la trompeta. El apóstol llama a estos instrumentos cosas inanimadas que producen sonidos; pero la música no es el sonido ordinario en sí, la música es la combinación técnica de los sonidos, producidos por la manipulación inteligente de los elementos sonoros. Según (Gn.4:21) Jubal sería la primera persona que se ocupó en elaborar por lo menos dos maneras de combinar sonidos y producir música. Donde quiera ha habido música, este ha sido el procedimiento básico: sonidos combinados técnicamente por la manipulación de un ser humano. Este ha sido y sigue siendo el origen de la música.

La información que nos proveen estas dos referencias bíblicas, nos conducen a otra inferencia importante relacionada con el origen de la música; ¿Cuál es esa otra inferencia? De estos dos pasajes se infiere que la música fue y es creada mediante el ejercicio del sentido común humano a partir del descubrimiento del sonido natural de los elementos. La música es un producto cultural.

B. SUBJETIVA

Esta parte tiene que ver no con las interrogantes:¿Cuándo se originó la música, ni ¿cómo se produce?; esta parte tiene que ver con las preguntas ¿Qué o quién motiva la composición de la música y para qué? Más concretamente: ¿Qué fuerzas operan en la producción de música? Como cristianos, sabemos, por la Escritura, que detrás de todas las acciones humanas operan dos fuerzas únicamente. El poder de Dios o el poder de Satanás. Pongamos esto de la siguiente manera:

a. ¿Qué tiene que ver Dios o el Diablo con el origen de la música?

Teniendo en cuenta la manera técnica, básica, como la música es producida, en cualquier tiempo y lugar; la música como tal, elaborada, no es creación directa de Dios, tampoco de Satanás; lo que Dios creó fue elementos sonoros, El sonido es una creación de Dios, pero no como un ente independiente, sino como algo que es producido por otras cosas creadas[16]. Todos los elementos físicos son sonoros, hasta las hojas de los árboles, Lv. 26:36. Pregunto: ¿Quién creó los elementos sonoros? ¿ Dios o el diablo? Ni un solo elemento sonoro ha sido creado por Satanás. ¿Significa esto que Dios es el creador de la música como tal ya elaborada? ¿Tomó Dios los elementos sonoros y articuló sus sonidos organizándolos

[16] Sugel Michelen:

melódica y rítmicamente? No, ¿Cómo se ha llegado a esto? Ha sido el ser humano quien a partir del descubrimiento del sonido natural de los elementos, ha coordinado esos sonidos de manera armónica, obteniendo asi melodías y ritmos que emplea según sus motivaciones e intereses personales. Pregunto nuevamente: ¿Quién dio la habilidad técnica a los hombres para hacer esto? ¿Dios o el diablo? Fue Dios cuando lo hizo a su imagen y semejanza.

Ahora si tenemos la respuesta coherente y bíblica a la pregunta: ¿Qué tiene que ver Dios con la música? En esto Dios tiene que ver con la música: en crear elementos sonoros y en dar habilidad al hombre para manipular y combinar armónicamente los sonidos de los elementos; pero Dios no está necesariamente en la manipulación y combinación de los sonidos, ni en la intención o el uso que cada hombre productor de música le dé a su producto musical, como no está necesariamente en la intención de la combinación y uso de las palabras.

Según el registro bíblico: ¿Quién fue la primera persona productora de música? Jubal, sexto descendiente de Caín. ¿Hera un hombre de Dios? No, Sind duda sus obras musicales no fueron inspiradas por el Espíritu de Dios, ni tenían como fin adorar a Dios; sin duda sus obras musicales fueron elaboradas según sus tendencias caídas, y no según el Espíritu de Dios. La música es un producto cultural, de manufactura humana, lleva las huellas de sus productores.

Con la música ocurre lo mismo que con las palabras: Dios le dio al hombre la capacidad de hablar, pero detrás de lo que los hombres hablan puede estar Dios o Satanás, así mismo detrás de un producto musical puede estar Dios o Satanás. Es más, detrás de cada producto musical esta Dios o está Satanás, porque lo que no es con Él es contra Él. La biblia dice que hay música de Dios (1°. Cro.16:42); esto implica que también hay música que no es de Dios, es del Diablo, puesto que lo que no es de Dios es del diablo. Sin duda hay música que ha sido y puede ser elaborada por influencia de Dios, y música que ha sido y puede ser elaborada por influencia del Diablo. La responsabilidad de cada uno es discernir quien está detrás de cada producto musical.

a. ¿Cómo se distingue la música de Dios de la música del diablo?

No es fácil discernir esto a causa de los efectos de la caída; desde que la comunión del hombre con Dios quedo rota por el pecado que entro a su naturaleza, (la naturaleza humana); los seres humanos en general perdimos la capacidad de distinguir con precisión el bien del mal, o lo que es verdaderamente agradable a Dios de lo que no le agrada; tendemos a evaluar las cosas por nuestros gustos naturales. Esta capacidad es recobrada a partir del nuevo nacimiento y en la medida en que crezcamos en el conocimiento de Dios; requiere la determinación sacrificial de negarnos a nosotros mismos para entregarnos a la voluntad de Dios revelada en la Escritura, de manera que ella se convierta en la fuente de nuestros deseos, pensamientos y emociones, en nuestro patrón de juicio y conducta. Esto es a lo que el apóstol se refiere en Ro. 12:1-2; es lo que él llama presentarnos en sacrificio vivo, santo, agradable a Dios; eso es lo que él llama culto inteligente: Sacrificar nuestros gustos personales para someternos a la voluntad de Dios; este sacrificio inteligente, o racional, nos capacita para comprobar lo que es perfecto, lo que es en verdad agradable a Dios. Esto mismo es lo que en otro lugar llama crucificar la carne con sus paciones y deseos; Gal.5:24. Solo en la medida en que los sentidos de un creyente son santificados por la fe en Cristo mediante la obediencia a la verdad, (Jn.17:17; 8:32; 1ª.P.1:22) solo en esa medida ese creyente va adquiriendo la capacidad de discernir que influencia está detrás de una composición musical (Heb.4:12-13).

III. ¿SE PUEDE ADORAR A DIOS CON MÚSICA?

La biblia hace referencia a diferentes actos de adoración que fueron acompañados con música; Ex.15:20; 1º.S.10:5; 2ª S.6:5; 1ª.Cr.13:8; 1ª.Cr.15:28; Sal.68:25; También encontramos exhortaciones inspiradas a adorarle usando instrumentos musicales, Sal.33:2; Sal.81:2,3; 98:5; Sal.147:5; Sal.149:3; Sal.150:3-5. Es más, Dios mando instituir levitas que acompañaran en el templo los cantos de adoración con instrumentos musicales, 2ª. Cr.29:25.

A la luz de estas y otras referencias no se puede negar que a Dios le agrada que acompañemos con música los canticos de alabanza dirigidos Él en adoración, pero eso no significa que podamos hacerlo a nuestra manera, o que podemos adorarle con cualquier clase de música, ni que podamos adorarle de cualquier manera.

En todo lo que encontramos registrado en la Escritura, en cuanto a la música en la adoración, se identifican tres tipos de casos de adoración con música. Todos los eventos de adoración registrados en la biblia pertenecen a uno de estos tres casos. Me gustaría llevarles acto por acto atraves de la biblia. Sin duda el Espíritu de Dios registró en la Escritura, todo lo que el pueblo de Dios necesita para comprender adecuadamente la voluntad de Dios sobre el tema. Pero no los voy a llevar evento por evento porque es demasiado trabajo para mí, y a la vez es quitarles la responsabilidad que les corresponde a ustedes haciéndoles demasiado fácil las cosas. Solo voy a tomar unas pocas referencias de cada caso para familiarizarlos con los tres tipos de casos, lo demás lo deben hacer ustedes.

A. ADORACIÓN IFORMAL COLECTIVA EVENTUAL

En este tipo de adoración se denomina informal por cuanto no es un tipo de adoración cuidadosamente elaborada, ni formalmente instituida. Dentro de la adoración informal pueden distinguir otros subtipos.

1. Adoración informal casual.

En estos casos la que se realiza de manera espontánea, sin previa preparación, surge como reacción inmediata de gratitud por causa de un favor extraordinario, e in esperado de Dios. En la siguiente referencia encontramos un ejemplo. Ex.15:20

> Y María la profetisa, hermana de Aarón, tomó un pandero en su mano, y todas las mujeres salieron en pos de ella con panderos y danzas. 15:21 Y María les respondía: Cantad a Jehová, porque en extremo se ha engrandecido; Ha echado en el mar al caballo y al jinete.

¿Fue este un acto de adoración? Indudablemente. Este es el primer acto de adoración, registrado en la Escritura, acompañado con música. ¿Qué instrumentos fueron usados en este acto de adoración? Únicamente se mencionan panderos. ¿Quién dirigió este acto de adoración? Fue dirigido por iniciativa de María, la hermana de Moisés ¿A quiénes dirigía? A las mujeres, no dirigía a todo el pueblo en general, pero fue un acto colectivo de adoración. ¿Fue este un evento formalmente ordenado por Dios? no, este fue un acto de adoración informal, realizado de manera espontánea, motivado u ocasionado por la extraordinaria providencia salvadora de Dios, mediante la cual acababan de ser favorecidos. ¿Dónde o en qué lugar fue realizado este acto de adoración? fue realizado al otro lado del mar rojo, no fue un acto realizado en el templo o tabernáculo.

2. Adoración informal oficial ocasional 1º.Cr.13:8

En estos casos la adoración no es espontanea, se planifica con motivo y parte de un evento solemne ocasional, no continuo, no estrictamente regulado por Dios.

> Y David y todo Israel se regocijaban delante de Dios con todas sus fuerzas, con <u>cánticos</u>, arpas, salterios, tamboriles, címbalos y trompetas. 1º.Cr.13:8

Este también fue un acto de adoración en el que los canticos fueron acompañados con música. En este evento fueron empleados cinco tipos de instrumentos. ¿Quiénes adoraban en este acto? David y todo Israel. ¿Qué clase de acto fue este? Fue un acto colectivo de adoración <u>informal</u>, ocasional ¿Por qué? Fue un acto colectivo porque la congragación en general de Israel estaba participando; fue informal por que no fue ordenado por Dios; fue ocasional porque fue realizado en ocasión a la recuperación y traslado del arca, no fue instituido para que fuera realizado continuamente. En estos casos es necesario tener en cuenta todo lo que previamente Dios ha ordenado en cuanto a la esencia del evento. Recordemos que en este evento Dios mató a una persona a causa de haber pasado por alto instrucciones previamente dadas, para el evento. Ver también el siguiente evento.1ª Cr.15:16; 28. En esta ocasión se repite el evento, con más cuidado en la planeación oficial del evento, pero aun así fue un evento informal por cuanto Dios no fue quien lo ordenó, simplemente lo admitió haciendo la corrección pertinente.

B. ADORACIÓN COTIDIANA

Estos casos, de adoración, son los más mencionados en la Escritura; es la adoración del diario vivir. Hay muchas referencias que exhortan a practicar esta adoración a Dios diariamente, con música; otras dan ejemplos de estos casos de adoración. Una de estas referencias es la siguiente:

1. Sal. 71:22

Asimismo yo te alabaré con instrumento de salterio, Oh Dios mío; tu verdad cantaré a ti en el arpa, Oh Santo de Israel.

Estos casos de adoración no son estrictamente regulados por Dios, pero no significa que los adoradores no sean cuidadosos al realizarlos, hay principios generales que deben ser tenidos en cuenta, en este tipo de adoración. El versículo citado, nos provee dos de estos principios generales.

a. Deben contener mensajes de alabanzas a Dios, es decir que exalten los atributos y obras de Dios.
b. Deben contener mensajes fundamentados en la verdad que Dios ha revelado; su contenido debe ser palabra de Dios,Jn.17:17

Estos actos de adoración deben ser oraciones o predicaciones cantadas; asimismo deben ser esencial y absolutamente teocéntricos. Miremos otra referencia:

2. Sal.33:2

33:2 *Aclamad a Jehová con arpa; Cantadle con salterio y decacordio.*33:3 *Cantadle cántico nuevo; Hacedlo bien, tañendo con júbilo.*

Esta es una exhortación al pueblo en general, a que cada uno adore a Dios de manera individual con arpa, salterio y decacòrdio. No es una exhortación a la adoración colectiva formal, porque en ese caso cualquiera no podía tocar un instrumento sino quienes fueran aptos y escogidos para ello. Este versículo también contiene ciertas regulaciones que deben ser tenidas en cuenta al momento de ofrecer el acto de adoración musical. Regula el contenido, la actitud y la forma.

a. El contenido: Debe ser de alabanza a Dios: Aclamar a Jehová, esto es exaltar su nombre, exaltando sus atributos y obras. Para tener una idea más clara, lea el salmo completo.
b. La actitud: Con júbilo. Esto implica una actitud gozosa, alegre triunfante, con admiración, convicción y firmeza.
c. La forma: Hacedlo bien: Esto indica que el acto musical debe ser coherente, que corresponda al propósito del mensaje y al objeto de la adoración. ver Sal.137

Esta es la adoración que los hijos de Dios ofrecen a su Padre en su descanso del día, en la sala, en el corredor, en el balcón de su casa, en el parque del poblado en el campo, o en la visita. Estos casos de adoración pueden ser individuales o grupales en eventos públicos, informales, o en privado. Sal.49:1,5; en la mañana, en el meridiano, en el atardecer o en la noche, bojo el cielo, al aire libre, a la luz de las estrellas, y con cualquier tipo de instrumentos musicales, Sal.150; con previa preparación o de manera espontánea. El santuario de Dios mencionado en el versículo uno del salmo ciento cincuenta, no es una referencia a la adoración oficial en el templo, es una exhortación a la adoración cotidiana informal, porque la adoración en el templo fue cuidadosamente regulada; el uso de instrumentos musicales fue restringido, los músicos cuidadosamente seleccionados, y nada debería ser improvisado (1ª Cro. 25:1-6) Veremos esto más concretamente en el siguiente punto.

El santuario mencionado en el salmo (150:1) es una referencia a la bóveda celeste; quiere decir: Cuando levanten los ojos al cielo, el santuario de Dios, reconozcan su majestad revelada en la magnificencia del firmamento (Sal. 19:1). Al contemplar la magnificencia del firmamento, eso nos debería llevar a reconocer la suprema majestad de quien creo tan impresionante belleza; y tal impresión nos debería hacer irrumpir en alabanza, adornada, con música de todo tipo de instrumentos musical posible, excepto la de algunos instrumentos de percusión rítmica; no de cualquier manera, sino de manera solemne reverente y jubilosa.

Fuera del culto corporativo oficial la Escritura regula el contenido y la forma, mucho más que los elementos de la adoración. Pero la Adoración corporativa oficial la regula cuidadosamente, puesto que es allí donde su pueblo debe expresar no una impresión espontanea de la majestad divina recibida mediante la revelación general; sino su convicción sólida, su madures en el conocimiento de Dios recibido por la revelación especial mediante su palabra, por el conocimiento y la recta comprensión de sus preceptos.

C. ADORACIÓN FORMAL CORPORATIVA OFICIAL

En este tipo de casos la adoración, es cuidadosamente planeada y elaborada, no da lugar a la casualidad, ni la improvisación. Es oficialmente instituida como actividad formal constante.

1oCr.25:1-6

> *1oCr.25:1 Asimismo David y los jefes del ejército apartaron para el ministerio a los hijos de Asaf, de Hemán y de Jedutún, para que profetizasen con arpas, salterios y címbalos; y el número de ellos, hombres idóneos para la obra de su ministerio, fue: 25:2 De los hijos de Asaf: Zacur, José, Netanías y Asarela, hijos de Asaf, bajo la dirección de Asaf, el cual profetizaba bajo las órdenes del rey. 25:3 De los hijos de Jedutún: Gedalías, Zeri, Jesaías, Hasabías, Matatías y Simei; seis, bajo la dirección de su padre Jedutún, el cual profetizaba con arpa, para aclamar y alabar a Jehová. 25:4 De los hijos de Hemán: Buquías, Matanías, Uziel, Sebuel, Jeremot, Hananías, Hanani, Eliata, Gidalti, Romanti-ezer, Josbecasa, Maloti, Hotir y Mahaziot. 25:5 Todos éstos fueron hijos de Hemán, vidente del rey en las cosas de Dios, para exaltar su poder; y Dios dio a Hemán catorce hijos y tres hijas. 25:6 Y todos éstos estaban bajo la dirección de su padre en la música, en la casa de Jehová, con címbalos, salterios y arpas, para el*

ministerio del templo de Dios. Asaf, Jedutún y Hemán estaban por disposición del rey. 25:7 Y el número de ellos, con sus hermanos, instruidos en el canto para Jehová, todos los aptos, fue doscientos ochenta y ocho.

En este pasaje tenemos registro de la institución de música para acompañar los cantos en la Adoración corporativa oficial formal. Que debemos notar en este pasaje:

a. El tipo de instrumentos escogidos fue reducido; aunque la cantidad de músicos era numeroso. Solo tres tipos de instrumentos musicales fueron ordenados; Dos tipos de instrumentos de cuerda, el arpa y el salterio, y uno solo de percusión moderada, el simbalo.1:1,6.
b. Como directores de los grupos musicales fueron instituidos varones pero entre los músicos fueron incluidas mujeres. 25:5-6
c. Todo fue cuidadosamente escogido y organizado, las personas involucradas en la música y el canto debían ser aptos, cuidadosamente instruidos en el canto para Jehová; no solo en el canto en sí, sino en el canto para Jehová, 1ª.Cr.25:6 Esto implica que a Dios no se le debe adorar con cualquier clase de canto, ni de cualquier manera. Todo esto sin duda para evitar las improvisaciones, y para dar a Dios un servicio con la máxima excelencia posible.

Hermanos músicos y directores de culto: ¿Notamos en qué debemos mejorar para el culto que damos a Dios en adoración? Improvisamos demasiado en el culto. Asi como los predicadores deben ser receptores y expositores cuidadosos de la palabra de Dios, escudriñando diligentemente la palabra de Dios, con el fin de comunicarla con la mayor fidelidad, para exaltar el nombre de Dios; también los cantores y los músicos, en especial los directores, deben hacer lo mismo. ¿Por qué deben hacer esto? Porque el canto y la música en el culto tiene el mismo fin que la predicación de la palabra de Dios: Dar a conocer la voluntad de Dios, exaltar su nombre (v.1, 4). Las personas que se ocupaban de dirigir el canto y la música con que lo acompañaban, debían ser hombres con un excelente discernimiento de la voluntad de Dios, y con una excelente dedicación a su tarea.

1oCr.25:1 Asimismo David y los jefes del ejército apartaron para el ministerio a los hijos de Asaf, de Hemán y de Jedutún, para que profetizasen con arpas, salterios y címbalos.

La función de los hombres que fueron apartados para la adoración oficial formal en el templo, no era la de entretener a la feligresía, su función era la de, "profetizar", comunicar la voluntad de Dios. Debían ser hombres en intima comunión con Dios, hombres con inspiración divina. El contenido de los cantos y la música que los acompañaba debía ser predicación pura de la palabra de Dios; los contos y la música debían constituir mensajes confrontadores, y edificantes; enseñaban, redargüían, corregían, e instruían al pueblo en la justicia de Dios, con el fin de prepararlo para todo lo que le agrada a Dios. Los cantos musicales debían ser exclamaciones y aclamaciones de la majestad de Dios, revelada en sus obras providenciales. Ver unos ejemplos en los salmos 60, 108, y 6-13; y Col.3:16. Lea por favor estos salmos e imagínese la música con la cual el mensaje de estos debía ser acompañado. No eran obras folclóricas, sino solemnes, resultado de la recta comprensión de las providencias redentoras y santificadoras de Dios. Este tipo de adoración según lo referencia el cronista bíblico, fue instituida por mandato de Dios 2º. Cr. 29:25.

III. ¿QUÉ IMPORTANCIA TIENE LA MÚSICA EN LA ADORACIÓN?

Dije en la introducción que para algunos la música es tan importante que creen que un culto donde no haya música es un culto desagradable, sin vida, y que para algunos creyentes la música es tan valiosa que prefieren sacrificar el amor fraternal en lugar de su concepción y gusto personal por la música. En algunas congregaciones la música en el culto es tan importante que invierten más recursos en la música que en benevolencias y biblioteca; invierten más tiempo en la parte musical del culto que en la predicación; he visto incluso personas que permanecen en el culto únicamente durante el tiempo de la música, cuando comienza la predicación de la palabra de Dios abandonan el culto; esto indica que para ellos lo único importante del culto es la música. Estos actos son insolencias contra la divina majestad y revelan un lamentable desconocimiento de Dios. Probablemente no son más que religiosos fanáticos, muertos espiritualmente. Estas personas no viven según las prioridades divinas, viven según sus propias prioridades. Ignoran el lugar que Dios le ha dado a la música en la adoración, y probablemente no les importa.

La adoración oficial, formal, es el asunto en el que Dios es extremadamente celoso, Ecl.5:1, por tal razón los adoradores del Dios verdadero debemos conocer la respuesta a la siguiente pregunta:

A. ¿CUÁL ES EL LUGAR QUE DIOS LE HA DADO A LA MÚSICA EN LA ADORACIÓN?

Debo decirles hermanos que la importancia que los creyentes deben darle a un asunto debe ser igual a la que Dios mismo le da; ni más ni menos. Cambiarle el lugar que Dios le ha dado a las cosas, es ponernos por encima de Dios, es presumir que uno tiene más sabiduría que Dios, o pretender que Dios se someta a nosotros, en lugar de nosotros a él. Es ponernos en el lugar de Dios; Es imitar a Satanás, es exponernos a la misma sentencia que él se mereció. Is.14:12-13.

Uno de los asuntos que los adoradores de Dios debemos tener claro con respecto a la importancia de la música en la adoración es el siguiente:

1. No es prioritaria

La música no es un elemento prioritario en la adoración; si lo fuera Dios mismo la habría instituido formalmente desde el principio en el pacto sinaitico como parte del culto. Es verdad que Dios admitió que su pueblo le adorara con música desde tiempos antiguos, pero fue hasta el tiempo de David que por medio de los profetas Dios ordenó instituir formalmente música para la adoración oficial formal. 2°.Cr.29:25. Esto indica que aunque le agrada que le adoremos con música, no es un asunto prioritario, es decir: Dios no ha instituido la música como un elemento indispensable en la adoración; el canto mismo tiene prioridad sobre la música. Aunque Dios anima a su pueblo a emplear música que acompañe los cantos de adoración, no la exige por necesidad como un elemento obligatorio para adorarle.

1. Es cuaternaria

A la luz de la biblia, en importancia, la música tiene un lugar cuaternario en la adoración a Dios. La prioridad de la adoración es el objeto de la adoración, no los elementos mediante los cuales se ofrece la adoración. La naturaleza y carácter del ser adorado es lo que regula, el contenido, la forma, y los elementos mediante los cuales debemos ofrecerle adoración. Con una observación cuidadosa de lo que dice la biblia al respecto, cualquier creyente se dará cuenta de este orden de importancia. En primer lugar está el objeto de la adoración, Dios mismo. En segundo lugar está el contenido de la adoración, el mensaje de la adoración. En tercer lugar la forma, y en cuarto, los elementos mediante los cuales se ofrece; el segundo surge del primero, el tercero del segundo y el cuarto del tercero consecuentemente. Los adoradores deben tener el conocimiento necesario del objeto que adoran, de lo que le ofrecen como adoración, de la manera como deben ofrecer la adoración, y de los elementos empleados para ofrecerla. Todo debe corresponder a la naturaleza y carácter del Ser adorado. Si usted lee con cuidado la Escritura, sobre el tema, se dará cuenta que Dios reguló cada uno de estos asuntos sin excepción de los elementos.

2. Lo importante de la música en la adoración

Si bien la música no es un elemento prioritario en la adoración a Dios, esto no significa que carezca de importancia, no. Cualquier elemento involucrado en la adoración a Dios debe ser tomado con la máxima importancia.

Lo importante de la música para adorar a Dios está en la elaboración. Recordemos que la música que Dios instituyó como parte de la adoración oficial formal en el templo, la instituyó como un medio de comunicar o exponer su santa voluntad. 1Cr.25:1,.. 5. Esto hizo necesaria la elección cuidadosa de personas aptas para este servicio. Lo cual implicó una cuidadosa planeación y preparación, con el propósito de evitar las improvisaciones y ofrecer a Dios un servicio con la máxima excelencia posible. Ustedes pueden ver que la importancia de la música en la adoración se centra en el contenido y la forma, a causa del objeto a quien se dirige el acto de adoración musical, no en la música misma.

Si vamos a usar música en la adoración corporativa oficial formal, debemos prepararla de manera cuidadosa, teniendo especial cuidado en la esencia y la forma como vamos a ofrecerla, para lo cual debemos elegir los elementos apropiados, personas espiritual y técnicamente aptas. Las personas que ejecutan las obras musicales de adoración, deben conocer de manera experimental a Dios y su santa voluntad revelada, en especial los creadores y directores de las obras musicales y así mismo los músicos acompañantes deben ser técnicamente expertos en la ejecución de las obras elaboradas para la adoración a Dios.

B. ELABORACIÓN DE MÚSICA PARA ADORAR A DIOS

En la elaboración de música para adorar a Dios, lo único que algunos tienen en cuenta es la letra, creen que eso es todo lo importante; otros ni siquiera eso, lo que les importa es que se refiera a algo relacionado con la biblia, sin importar si es correcto. En los cultos de algunas congregaciones de la región caribe se canta un coro en ritmo vallenato, que dice:

"Anoche estuvimos de fiesta esta noche también; paséate nazareno paséate;……

Jesús está pasando por aquí y cuando el pasa todo se transforma, se va la tristeza viene la alegría"

Yo también lo cantaba cuando era niño; y mientras cantaba me imaginaba al Señor Jesús como lo pintan paseándose al compás del ritmo del coro. La visión del Señor Jesús que este coro comunica no es una visión bíblica; es una visión folclórica, profana, no honra su gloriosa majestad, la oscurece, lo hace ver como un folclórico pachanguero, no como el majestuoso creador, redentor, Dios y rey del universo.

Al elaborar música para adorar a Dios en el culto corporativo oficial, es necesario tener en cuenta, todo lo involucrado: La letra, la melodía, la armonía, el ritmo que ha de acompañar la letra, y el espíritu o actitud correspondiente; todo esto conforma el mensaje que comunica una obra musical, no únicamente la letra.

1. LA LETRA

La letra de una obra musical para la adoración a Dios, en especial para la Adoración oficial corporativa, debe exaltar a Dios; debe aludir a los atributos de Dios, a sus obras, y a su palabra, de manera clara, no debe ser ambigua, ni superficial. Para tener una idea del contenido de la letra de los cantos compuestos para adorar a Dos, debemos mirar los salmos que fueron escritos con ese propósito.Sal.4,5,6,8,9,11,12,13,14; 18,19,20,21;22; 31; 36; 39,40,41,42,44,45,46,47,48,49,50,51,52,53,54,55,56,57,58,59,60,61,62,64,65,66,67; 69;70; 75,76,77; 80,81;85;87,88; 92; 109; 139. Aun los salmos que fueron compuestos para cantar en el camino, o de manera ocasional son de alto contenido teológico experimentado. En ninguno hallamos ambigüedades, ni superficialidades; ninguno fue compuesto, con la intención de entretener o divertir al pueblo; todos fueron compuestos para exaltar a Dios y edificar a los adoradores.

Son alabanzas a Dios, por su palabra, sus atributos y sus obras de creación, de redención y sus providencias mediante las cuales ha salvado a su pueblo y derramado sus juicios contra sus enemigos; los salmos son cantos que exponen la condición pecaminosa del hombre y exhortan con claridad rigurosas a la fe y a la obediencia debida a Dios. Son verdaderas predicaciones cantadas de la palabra de Dios u oraciones reconociendo el pecado individual o del pueblo y rogando su misericordia. Tan solo mire cualquiera de los salmos citados y se dará cuenta de esto. Sus mensajes son claros, sencillos, y contundentes; confortan, redarguyen, exhortan, corrigen y edifican, no son superficiales, mucho menos ambiguos; en nada se asemejan a lo que se canta en la actualidad en muchas congregaciones y mucho menos a lo que canta el mundo para adorarse a sí mismo.

2. LA MELODÍA

En general una melodía es una sucesión de sonidos técnicamente organizados, que se desenvuelven en una secuencia ascendente, descendente, ondulada, quebrada o lineal a lo largo del tiempo, y es percibida como una sola entidad. Desde el punto de vista psico-anímico, hay diversos tipos de melodías, según la naturaleza e intención de la obra musical: Hay melodías tristes, otras alegres, hay melodías relajantes y melodías estresantes, hay melodías que aterrorizan y melodías que tranquilizan; hay melodías tenebrosas y melodías radiantes; hay melodías que bajan el ánimo y melodías que levantan el ánimo. Hay melodías románticas y melodías violentas; hay melodías jubilosas y melodías melancólicas; hay melodías solemnes y melodías folclóricas; Por ejemplo: ¿La melodía original del himno nacional es solemne o folclórica?; Hay melodías reverentes y melodías irreverentes o profanas.

Las melodías tienen identidad y significado propio dentro de un contexto de sonoridad. Las melodías tienen carácter y personalidad. Una melodía no se confunde con otra; así mismo es poseedora de un mensaje psico-anímico específico inteligible, una melodía comunica ideas, sentimientos, emociones. Las melodías de las obras musicales para adorar a Dios deben ser reverentes, y solemnes, aun cuando el mensaje contenido sea de júbilo o lamento. Las melodías de las obras musicales para adorar a Dios deben corresponder al mensaje del canto y el mensaje debe corresponder claramente al carácter del ser adorado.

3. LA ARMONÍA

La armonía musical es la combinación coherente de sonidos diferentes ejecutados simultáneamente tomando como base el acorde. La diferencia entre melodía y armonía es que la melodía está compuesta por sonidos sucesivos, mientras que la armonía por sonidos simultáneos.

La armonía se puede realizar con un instrumento polifónico, o con varios instrumentos monofónicos. Los instrumentos polifónicos son los que pueden emitir más de un sonido al mismo tiempo, como el piano, la guitarra, el arpa, el salterio, el decacordió, entre otros; Con estos instrumentos se puede realizar melodía y armonía a la vez. Los Instrumentos monofónicos son los que solamente emiten un sonido al mismo tiempo, por ejemplo: las flautas, los violines, los chelos, los bajos, trompas, trombones, etc.

En general, armonía es el equilibrio de las proporciones entre las distintas partes de un todo, y su resultado siempre connota belleza. La armonía constituye la base de la melodía, no obstante la armonía está subordinada a la melodía, es el elemento musical que adorna la melodía, la armonía es para la melodía la envoltura o decoración de la melodía.

La armonía, es un elemento indispensable, característico por excelencia en la música para adorar a Dios, puesto que la armonía es característica esencial de Dios y sus obras; la armonía es también una característica en la que la iglesia de Cristo debe crecer y reflejar en todas sus actividades corporativas. (Ef.4:16). La disonancia musical es algo que no debe estar presente de manera dominante en la música para adorar a Dios. En la actualidad la disonancia musical es la característica dominante en algunas obras musicales. Ninguna clase de música caracterizada por ser disonante debe ser usada en la Adoración a Dios; tales clases de música profanan la majestad divina, por cuanto antagonizan el carácter esencial de Dios y de sus obras, alteran el comportamiento psicológico y emocional del ser humano. Algunas notas disonantes pueden tener un lugar, según el caso, dentro de una obra musical para adorar a Dios, pero no de manera dominante o sobre saliente, como ocurre en muchas obras musicales modernas en las que la disonancia es predominante.

4. EL RITMO

En una composición musical el ritmo es la pauta que marca la intensidad, debilidad y velocidad melódica o armonía de la obra musical. Es el elemento musical que establece la diferencia entre los diferentes géneros y tipos musicales. Es también el elemento musical determinante en los estados de ánimo al momento de percibir la obra musical. Los psicólogos han encontrado que los ritmos lentos inducen a la calma y a la serenidad, mientras que los rápidos suelen producir la activación motora y la necesidad de exteriorizar sentimientos, que pueden provocar situaciones de estrés y violencia.

Todo esto indica que en la elaboración de música para adorar a Dios es necesario ser sumamente cuidadosos en el ritmo que ha de caracterizar la obra musical. Usted y yo sabemos que hay ritmos musicales que estimulan sentimientos y tendencias carnales, pecaminosas; Hay ritmos que generan y estimulan actitudes antagónicas e irreverentes. El ritmo de la música, con la letra, la melodía y armonía, para adorar a Dios debe corresponder a la naturaleza y carácter del SER a quien adoramos.

Al pueblo donde fuimos el fin de año, llego un conjunto de vallenato "cristiano" para dar un concierto al aire libre; Muy cerca del lugar donde se estaba presentando el concierto, viven unos familiares; mi esposa y yo fuimos y nos sentamos en la puerta a presenciar el espectáculo; Mientras conversaba con las personas que estaban junto a nosotros, también escuchaba y observaba a la concurrencia; los integrantes del conjunto son personas bastante profesionales en el arte, según mi oído ordinario no había nada que envidiarle a los conjuntos profesionales del mundo; a las personas que estaban a nuestro lado, les pregunté:¿Que deseos despierta en ustedes lo que están escuchando? La respuesta fue: Ganas de bailar.

Aunque alguna de las letras de las canciones llamaba al arrepentimiento y a la fe en Cristo, la melodía y el ritmo de la música guiaban los sentidos de los oyentes en dirección contraria a lo que se quería comunicar con la letra; la melodía y el ritmo de la música favorecía al espíritu que domina la cultura del pueblo y la época, no la intención de los hermanos promotores del evento. ¿Ven la contradicción entre la intención y los hechos? ¿Ven la incoherencia del asunto? Esto es como tratar de guiar una marcha militar con cumbia, salsa, merengue, o con tango, o como tratar de llamar a duelo con samba.

La melodía constituye el mensaje de la obra musical, la armonía la decoración o envoltura, el ritmo constituye la manera de entregar el mensaje.

5. EL ESPÍRITU O ACTITUD

En la elaboración de música para adorara a Dios, es necesario además de la letra, la melodía, la armonía y el ritmo, la actitud de la obra musical. La actitud es la predisposición anímica o sentimental a favor o en contra de un una persona, un hecho, u objeto. La actitud de un individuo es coherente con la impresión y perspectiva que tiene de las personas, los hecho o los objetos; es decir la actitud revela la verdadera concepción que uno tiene de cierta persona, hecho u objeto.

La actitud de cada individuo varía según la persona, el hecho u objeto con el cual está relacionado en el momento. No es lo mismo la actitud que uno tendría al encontrarse en la playa frente al mar en un atardecer cálido y despejado y la actitud que tendría si se encuentra en un bus con un terrorista amenazando con un arma de fuego. No es lo mismo la actitud de un joven cuando está pensando en su novia que cuando está pensando en su enemigo. No es lo mismo la actitud de una canción dedicada a la novia que un canto para adorar a Dios. Usted puede cantarle a su novia con una actitud romántica para seducirla, pero Dios no es como su novia. Puede cantar contra el estado con una actitud desafiante e irreverente, pero Dios no es el estado ni como el estado.

La Adoración a Dios implica una actitud de asombro, de solemnidad, de reverencia, de humildad, de alegría, de gozo, de convicción, de gratitud y amor, pero no romántica, ni folclórica; mucho menos desafiante ni irreverente. Observe el canto de moisés después que Dios los salvó de los egipcios, Ex.15:2-18, y los salmos; en ninguno de ellos encontrará una actitud seductora, folclórica, desfachatada, ni fría; la adoración a Dios puede implicar una actitud calmada, serena, no fría; pero la adoración a Dios no implica necesariamente suavidad musical; no creo que el himno al cordero de Ap.15:3-4 implique suavidad musical; Hay verdades bíblicas que al ser cantadas exigen una actitud firme de júbilo imponente, que exprese la majestad soberana y suprema de Dios. La adoración a Dios puede incluir una actitud de tristeza y lamento, pero nunca irreverente. El salmo 51 implica una actitud de tristeza y humillación.

IV. ¿CUÁL ES LA MÚSICA QUE LE AGRADA A DIOS?

Algunos a argumentan que no es posible saber cuál es la música que le agrada a Dios. Eso no es verdad, porque Dios si ha dicho cuál es la música que le aguarda. Hay un pasaje bíblico muy claro al respecto:

- Col.3:16

16 La palabra de Cristo more en abundancia en vosotros, enseñándoos y exhortándoos unos a otros en toda sabiduría, CANTANDO CON GRACIA en vuestros corazones al Señor con salmos e himnos y cánticos espirituales.

En este versículo el Espíritu Santo, mediante el Apóstol Pablo, exhorta a los creyentes a cantar al Señor. El canto es la base y marco general de toda la música. El canto es la forma de hacer música, no con instrumentos artificiales sino usando como instrumento los órganos que conforman el aparato fonador: Los pulmones, el diafragma, la tráquea, la laringe, la faringe, la cavidad nasal, las cuerdas vocales, la cavidad vocal, lengua y los dientes. El canto en general es la emisión oral de un mensaje en forma musical usando el aparato fonador humano como instrumento.

En esta referencia el Espíritu Santo de manera concisa establece el marco general para discernir y elaborar lo que le agrada a Dios en asuntos musicales. No solo les dice a los creyentes que canten al Señor, también les dice que es lo que deben cantar, como cantarlo, y cuál es el principio cualificador de lo que deben cantar al Señor.

A. LO QUE DEBEMOS CANTAR AL SEÑOR

¿Qué es lo que los creyentes debemos cantar en adoración al Señor? salmos, e himnos y canticos. Pero antes de esto note que la palabra de Cristo debe morar de manera abundante en el corazón de los creyentes, de modo que lo que debemos cantar es la palabra de Dios, sus hechos, sus enseñanzas, en salmos, himnos y canticos espirituales.

Algunos argumentan que los salmos, los himnos y los canticos son una misma cosa, que no hay distinción entre sí, que son tres maneras de referirse a lo mismo. Es verdad que los salmos, los himnos y los canticos, son canto, pero no es verdad que sean lo mismo. Personalmente creo, que los salmos, los himnos y los canticos, son tres expresiones musicales diferentes; creo que son tres géneros que se distinguen entre sí; es más creo que son los tres géneros musicales que enmarcan todo lo que Dios a aprobado para lo que su iglesia ha de ofrecerle musicalmente en adoración. Intentaré mostrar esto a continuación.

1. Los salmos

Mi concepción es que los salmos son oraciones a Dios y exhortaciones a los creyentes en Dios, expresadas o expuestas en forma poética musical. Según mi percepción, los salmos estrictamente definidos enmarcan las expresiones poéticas musicales más solemnes compuestas y arregladas especialmente, no únicamente, para la adoración oficial corporativa. Tales como: Sal.4,5,6,8,9; 11,12,13,14;18,19,20,21;22;31;36;39,40,41,42,44,45,46,47,48,49,50,51,52,53,54,55,56,57, 58,59,60,61,62;64,65,66,67,69,70;75,76,77;80,81;85;87,88;92;109;139.

En el libro de los salmos estos son los únicos que aparecen titulados como salmos; los demás no están titulados o están titulados como cánticos graduales. Creo que la diferencia de los salmos estrictamente definidos, en relación con los himnos y los canticos, está no en si es de temática personal o colectiva, sino en el especial arreglo musical para el uso en el culto corporativo formal oficial.

2. Los himnos

Los himnos bíblicamente definidos, son las expresiones poéticas musicales, salmos o canticos emblemáticos que enmarcan y conmemoran los acontecimientos más destacados de la historia de la redención, o aclaman de manera general, las creencias del pueblo de Dios; exaltando de forma solemne, magistral y jubilosa los atributos de Dios. Estas obras, poéticas, musicales, emblemáticas, los Judíos las cantaban especialmente en momentos celebres, como la pascua Mt.26:30 y otras fiestas conmemorativas; Algunos de ellos fueron arreglados para cantarlos en el culto corporativo, como el salmo 48 y 50. En el nuevo testamento los apóstoles cataban los himnos de adoración a Dios en cualquier circunstancia. Hch.16:25.

En la biblia no encontramos una sola referencia a un ejemplo textual de himno, únicamente nos da cuatro referencias al género[17], pero, por tradición extrabíblica sabemos que los himnos siempre han sido expresiones poético-musicales, emblemáticas, compuestas magistralmente en tono solemne, con actitud jubilosa, relacionadas con acontecimientos memorables, o para identificar la ideología de un país, una colectividad política, militar, educativa, o religiosa. Algunos ejemplos de himnos o cantos emblemáticos bíblicos podrían ser: El canto que hallamos en Ex.15:1-18; Jue.5:2-31; los Salmos. 2; 18; 45; 48; 50; 97; 99; 104; 107 entre otros.

3. Los cánticos

Los canticos en la biblia, son cantos cortos de origen espontaneo, mediante los cuales los creyentes en forma poética y profética expresaron, la impresión de alguna visión personal que Dios les concedió de su majestad: Algunos ejemplos de este tipo de cánticos bíblicos los hallamos en: 1º. Sm.2:1-10; Lc. 1:46-55; 1:68-79; 2: 14; 29-32; Ap.15:3-4. Otros canticos bíblicos son expresiones poéticas que nacieron espontáneamente de la experiencia y conocimiento de la comunión personal, cotidiana, de un creyente con Dios; los cánticos también son oraciones, de apelación, reconocimiento, gratitud y alabanzas a Dios o exhortaciones a alabarle, o todas a la vez, por sus maravillas, bondades y misericordias. Ejemplos de este tipo de canticos los podemos ver en el libro de los salmos referenciados desde el 120-134; 96; 97. Algunos canticos fueron adaptados para la adoración oficial corporativa; un ejemplo de ello es el salmo 108, que es un cantico hecho salmo; entre otros; Otros canticos por su naturaleza y carácter son aptos para la adoración corporativa, esto lo vemos en Ap.15:3-4.

B. COMO DEBEMOS CANTAR

Con gracia en vuestros corazones. La gracia a la que el apóstol se refiere en el texto, es a la obra de regeneración que Dios realiza en el corazón de los creyentes, esa obra que capacita a los creyentes para comprender y corresponder a la majestad divina y las operaciones redentoras de Dios, a las verdades básicas que se derivan de la Cruz de Cristo.

[17] Mt.26:30;Mr.14:26;Ef.5:19;Col3:16

No hay gracia en el corazón de un individuo hasta cuando nace de nuevo. Esta gracia implica una actitud de confianza sólida en el evangelio, una actitud de gloriosa esperanza eterna, y una actitud de inmensa gratitud por lo grande e incomprensible del amor de Dios en Cristo (Ro. 5:8)

Cantar con gracia es lo mismo que cantar expresando en el canto las grandes verdades de la Cruz realmente experimentadas; cantar con gracia es cantar reflejando en el canto una actitud de firme confianza en la suficiencia de Cristo y su obra redentora; cantar con gracia es cantar expresando en el canto la esperanza de gloria eterna; Cantar con gracia es cantar reflejando en el canto inmensa gratitud hacia Dios por tan grandes bendiciones espirituales que en Cristo ha concedido a cada creyente Ef.1:3ss.

Cantar con gracia en el corazón, es cantar de manera que el canto corresponda, en contenido y forma a la grandeza del valor de la persona y la obra de Dios en Cristo. Cantar con gracia implica, cantar con verdadera convicción las verdades del evangelio, con gozo reverente, con verdadera y profunda gratitud hacia Dios. La gracia en el canto al Señor, también implica la belleza del mensaje que se declama y la belleza de la manera como se declama. Muy pocos compositores, de música para adorar, han comprendió con claridad esto. Entre el pueblo del antiguo pacto el rey David; y en la historia de la iglesia Johann Sebastián Bach (1685- 1750), entre los pocos que han habido.

C. CUALIFICACIÓN DE LOS CANTOS DE ADORACIÓN

En el texto que estamos estudiando, el Espíritu Santo da por sentado que los salmos, e himnos y canticos que hemos de cantarle al Señor deben ser producto de la morada abundante de la palabra de Cristo, del evangelio (Col.3:17; 1P.1:25); pero además de decir que es lo que los creyentes deben cantar en adoración al Señor, también dice que cualificación deben tener los cantos que se le han de ofrecer al Señor en adoración. Recordamos: ¿Qué es lo que los creyentes deben cantar en adoración al Señor? La palabra de Cristo, el evangelio (1ª. P.1:25) en salmos, e himnos y canticos espirituales. ¿Qué deben ser esos cantos que los creyentes han de ofrecer al Señor en adoración? Deben ser espirituales. Esta es la cláusula determinante. Sin duda esta cláusula determina todos los elementos del canto que ha de ofrecerse al Señor en adoración. La letra, la melodía, la armonía, el ritmo y la actitud de toda la ofrenda musical debe ser espiritual; esto no significa únicamente que sea de corazón.

❖ ¿Qué es lo espiritual?

Para entender esta cláusula debemos comprender que es lo espiritual según el concepto del Espíritu que la estableció. El siguiente pasaje establece este concepto de manera clara. Ro.8:2-9

8:1 Ahora, pues, ninguna condenación hay para los que están en Cristo Jesús, los que no andan conforme a la carne, sino conforme al Espíritu. 8:2 Porque la ley del Espíritu de vida en Cristo Jesús me ha librado de la ley del pecado y de la muerte. 8:3 Porque lo que era imposible para la ley, por cuanto era débil por la carne, Dios, enviando a su Hijo en semejanza de carne de pecado y a causa del pecado, condenó al pecado en la carne; 8:4 para que la justicia de la ley se cumpliese en nosotros, que no andamos conforme a la carne, sino conforme al Espíritu. 8:5 Porque los que son de la carne piensan en las cosas de la carne; pero los que son del Espíritu, en las cosas del Espíritu. 8:6 Porque el ocuparse de la carne es muerte, pero el ocuparse del Espíritu es vida y paz. 8:7 Por cuanto los designios de la carne son enemistad contra Dios; porque no se sujetan a la ley de Dios, ni tampoco pueden; 8:8 y los que viven según la carne no pueden agradar a Dios. 8:9 Más vosotros no vivís según la carne, sino según el Espíritu, si es que el Espíritu de Dios mora en vosotros. Y si alguno no tiene el Espíritu de Cristo, no es de él.

Esta Escritura enseña que hay dos clases de personas en el mundo únicamente: Los que viven conforme a la carne y los que viven según el Espíritu; y dos maneras de hacer las cosas: conforme a la carne y conforme al Espíritu. A la luz de este pasaje lo espiritual es contrastado con lo carnal. Lo espiritual es lo que se conforma a la voluntad de Dios revelada en la ley por el Espíritu de Cristo, es decir lo que se conforma a la doctrina de la obra redentora y la conducta de la vida que corresponde a esa obra. Lo carnal es lo hecho conforme a nuestras tendencias o gustos naturales. Lo carnal es lo que alimenta y promueve las tendencias pecaminosas naturales. De manera que los salmos, los himnos y canticos que hemos de ofrecer a Dios deben estar libres de letras, y música que por naturaleza o asociación despierten, alimenten y promuevan inclinaciones pecaminosas.

Vale la pena volver a recordar que la adoración Dios no consiste en la adaptación a las costumbres folclóricas, culturales, del mundo, sino lo contrario Ro.12:1-2: es la conversión de las tendencias del mundo a los principios y valores del reino de los cielos; es la conformidad a la voluntad preceptiva de Dios. El Espíritu dice:

> 12:1 .....Os ruego por las misericordias de Dios, que presentéis vuestros cuerpos en sacrificio vivo, santo, agradable a Dios, que es vuestro culto racional. 12:2 No os conforméis a este siglo, sino transformaos por medio de la renovación de vuestro entendimiento, para que comprobéis cuál sea la buena voluntad de Dios, agradable y perfecta.

Cuando usamos en la adoración algo que en lugar de despertar en nosotros deseos de humillarnos ante Dios, de someternos a su santa ley, y engrandecer su nombre, nos recuerda y despierta sensaciones propias de nuestra vieja manera de vivir ya no estamos adorando a Dios, lo que estamos haciendo es volviendo en nuestra mente y sentimientos al mundo; estamos adorando al mundo.

Cuando usamos música que recuerda, despierta, alimenta y promueve, las tendencia naturales personales y del mundo, ya no estamos adorando espiritualmente; estamos adorando en la carne, estamos adorando los deseos carnales, no a Dios, aunque eso sea lo que pretendamos. Cuando cantamos con música que ha sido elaborada para despertar y fomentar o consentir algún vicio de la carne, aunque la letra sea bíblica, no estamos cantando espiritualmente. No es un canto espiritual el que se ofrece con música folclórica, elaborada para alimentar y fomentar los vicios de la carne. Si en realidad usted es espiritual, podrá entender esto, si no lo es, jamás lo va a comprender y mucho menos aceptar, hasta que Cristo lo salve de la esclavitud del mundo y el pecado en la que aún está. Se puede elaborar música santa, con melodías, armonías y ritmo que nada tengan que ver con ningún género folclórico de ninguna cultura del mundo, es por naturaleza, solemnes majestuosa. Hay muchos himnos y cantos cuya música es, solemne, sublime y jubilosa, nada tiene que ver con ninguna clase de género folclórico popular, en particular, cantos elaborados por hombres y mujeres espirituales. Ejemplo: Santo, santo, santo. Hay también obras musicales que aunque son producto de la cultura general, elaboradas no para la adoración, si están elaboradas sobre principios musicales sanos, por lo cual pueden ser rescatadas y adaptadas para la adoración a Dios, Ejemplo: Alabad al gran rey; sublime gracia, grande es tu fidelidad; cuán grande es Él, aunque algunos cantantes populares lo han sensualizado para comercializarlo, como han hecho con varios cantos espirituales. Noten la diferencia entre la versión original de: hay un precioso manantial y la versión del grupo Oasis. Oasis popularizo el cantico; la versión oasis ya no es santa, es común, profana; pues cuando algo es de uso popular, común, ya no es santo (1°. Sam.21:4; Ex.30:37), la música que Oasis añadió al cántico, hay un precioso manantial, está elaborada para complacer tendencias carnales, no es música espiritual, santa, sublime.

Así mismo, hay algunos géneros musicales folclóricos, no bailables elaborados con principios musicales sanos, que no están asociados con los vicios de la carne, al contrario, fomentan principios y valores sanos, estos tipos de música, también pueden ser rescatados y adaptados para la adoración. Pero esto se requiere verdadero discernimiento espiritual; para lo cual es necesario ser llenos de la palabra de Cristo. Col.3:16-17; ella es la que penetra el alma, y discierne los pensamientos y las intenciones del corazón, Heb.4:12. Sin ser llenos de ella es imposible distinguir lo carnal de lo espiritual.

V. ¿CUÁLES SON LOS INSTRUMENTOS MUSICALES QUE PUEDEN SER USADOS EN LA ADORACIÓN?

El uso de instrumentos musicales en la adoración depende del tipo de casos de adoración. La Escritura enmarca la adoración a Dios en tres tipos de casos: Adoración eventual colectiva, casual u ocasional; adoración cotidiana grupal o individual, y adoración corporativa formal, oficial e institucional. La regulación bíblica en cada uno de estos casos está fundamentada sobre los mismos principios básicos, no obstante, al observar cada caso se encuentran diferencias; la Escritura deja ver que en la adoración colectiva, no oficial y en la adoración cotidiana, Dios es un poco tolerante, mientras que en la adoración, formal, corporativa, oficial es sumamente estricto. Veamos esto brevemente caso por caso.

A. EN LOS CASOS DE ADORACIÓN OFICIAL, INFORMAL, COLECTIVA EVENTUAL

En estos casos de adoración el género musical usado primordialmente son los canticos y el uso de instrumentos es un poco más amplio que en la adoración corporativa oficial. Miremos dos referencias a este tipo de casos.

- 1°.Cr.13:8; Y David y todo Israel se regocijaban delante de Dios con todas sus fuerzas, con cánticos, <u>arpas</u>, <u>salterios</u>, <u>tamboriles</u>, <u>címbalos</u> y <u>trompetas</u>.

Este evento fue organizado para acompañar el traslado del arca del pacto desde Quiriat-jearim a Jerusalén, a la casa de David. (1°.Cr.13:1-8). ¿Cuántos tipos de instrumentos fueron usados en esta ocasión? Para este evento fueron usados <u>dos clases de instrumentos de cuerda: arpas y salterios</u>; <u>dos clases de instrumentos de percusión: los tamboriles y los címbalos</u>; y <u>una clase de instrumentos de viento: las trompetas</u>. Podríamos decir que todos los tipos de instrumentos estaban representados. Pero notemos algo: ¿Cuál fue la naturaleza de esta iniciativa, de la forma como se estaba realizando? ¿Fue una iniciativa por inspiración divina? En esta ocasión el evento fue organizado por sentido común, no por inspiración divina, ni conforme a principios dados por Dios, improvisando incluso la manera de transportar el arca, razón por la que Dios mató a un hombre: A causa de esta calamidad el arca no fue llevada a la casa de David. (1º.Cr.13:9-10) Esto nos enseña que cualquier cosa relacionada con Dios realizada por sentido común, pasando por alto los principios dados por Dios, es delito de muerte.

La idea de trasladar el arca de Quiriat-jearim a Jerusalén, era de Dios, pero la manera como lo planearon no lo era totalmente. David y sus líderes comprendieron eso e hicieron las correcciones pertinentes al organizar nuevamente el evento para trasladar el arca de la casa de Obed-edom al lugar que David había preparado. Miremos esto en la siguiente referencia.

- 1ª Cr.15:12-16, 28
  - *v12 y les dijo: Vosotros que sois los principales padres de las familias de los levitas, santificaos, vosotros y vuestros hermanos, y pasad el arca de Jehová Dios de Israel al lugar que le he preparado; 15:13 pues por no haberlo hecho así vosotros la primera vez, Jehová nuestro Dios nos quebrantó, por cuanto no le buscamos según su ordenanza. 15:14 Así los sacerdotes y los levitas se santificaron para traer el arca de Jehová Dios de Israel. v15 Y los hijos de los levitas trajeron el arca de Dios puesta sobre sus hombros en las barras, como lo había mandado Moisés, conforme a la palabra de Jehová; v16 Asimismo dijo David a los principales de los levitas, que designasen de sus hermanos a cantores con instrumentos de música, con salterios y arpas y címbalos, que resonasen y alzasen la voz con alegría.*
  - *V. 28; De esta manera llevaba todo Israel el arca del pacto de Jehová, con júbilo y sonido de bocinas y trompetas y címbalos, y al son de salterios y arpas.*

En esta segunda ocasión, (1ª Cr.15:15; 16) corrigieron la manera de transportar el arca y replantearon los instrumentos a emplear para el acompañamiento de la adoración eventual. ¿Cuáles instrumentos fueron empleados en este segundo evento? Dos clases de instrumentos de cuerda: salterios y arpas; dos clases de instrumentos de viento: bocinas y trompetas; y una clase de instrumentos de percusión: címbalos; ¿Culés instrumentos fueron restringidos en esta ocasión? los tamboriles no fueron empleados; ¿Por qué no fueron empleados los tamboriles? ¿Se les olvido? ¿Renunciaron los tamborileros? Sin duda entendieron que estos instrumentos no son adecuados para la adoración oficial. ¿Por qué? La Escritura no lo dice específicamente, pero no fue por ninguna de las anteriores razones, ni por capricho. La verdad es que a partir de este evento nunca ninguna clase de instrumentos de percusión aparecer involucrado en la adoración bíblica, excepto los címbalos.

B. FORMAL REGULAR CORPORATIVA OFICIAL

En estos casos de adoración Dios es mucho más estricto. Las personas que han de ocuparse de la música deben ser debidamente instruidas en el canto para Dios; no es suficiente con que sean instruidas en la música en general, deben ser instruidas en el canto para Jehová; esto implica que deben conocer a Dios, conocer su voluntad, lo que le agrada; aptos para cantar y toca como corresponde a la adoración a la suprema majestad. En este caso los instrumentos son más restringidos. Mirémoslo en el siguiente pasaje:

- 1oCr.25:1-6

1oCr.25:1 Asimismo David y los jefes del ejército apartaron para el ministerio a los hijos de Asaf, de Hemán y de Jedutún, para que profetizasen con arpas, salterios y címbalos........................25:6 Y todos éstos estaban bajo la dirección de su padre en la música, en la casa de Jehová, con címbalos, salterios y arpas, para el ministerio del templo de Dios. Asaf, Jedutún y Hemán estaban por disposición del rey. 25:7 Y el número de ellos, con sus hermanos, instruidos en el canto para Jehová, todos los aptos, fue doscientos ochenta y ocho.

Este pasaje nos presenta la institución de música, para el culto corporativo, oficial, constante, en el templo. Los más indicados para escoger a los músicos, los cantores y los instrumentos para los eventos de adoración eran los que tenían conocimiento y experiencia sobre esas disciplinas, ellos eran David y los jefes del ejército. El servicio oficial a Dios requiere más disciplina y sujeción, que el que requiere el servicio militar. David era experto en poesía y música; los jefes del ejército eran expertos en logística, en el uso de los instrumentos y la organización de los músicos para los eventos, pero eso no fue suficiente para seleccionar el personal e instrumentos aptos para la adoración oficial.

Fue necesaria la inspiración de Dios y su supervisión mediante dos profetas, Gad y Natán, además de David, que intervinieran en el procedimiento para preservarlo de errores, afín de que todo se organizara y se ejecutara conforme al mandato de Dios. Según lo referencia el cronista bíblico, lo que leemos en este pasaje fue instituido por mandato de Dios 2°. Cr. 29:25. El tipo de instrumentos ordenados para la adoración corporativa oficial constante fue: Dos clases de instrumentos de cuerda: el arpa y el salterio y solo una clase de instrumentos de percusión: los címbalos.

1. INSTRUMENTOS EXCLUIDOS

No todos los instrumentos son apropiados para la adoración corporativa oficial, esto por razones naturales y de asociación. Algunos instrumentos fueron excluidos de la adoración oficial.

Todos los instrumentos de percusión rítmica fueron excluidos de la adoración oficial regular. No fueron autorizados los tamboriles ni los panderos. 1°.Cro.25:1,6. La Biblia no provee una explicación explicita del por qué Dios los excluyó del culto corporativo oficial. Podemos llegar a ciertas deducciones mirando la información que nos provee la Biblia respecto a este tipo de instrumentos y por el sentido común santificado por la doctrina bíblica de lo espiritual y lo carnal, lo profano y lo santo.

Según la información que nos provee la biblia estos instrumentos, se utilizaban en festejos de victorias militares (Jue. 11:34; 1 Sam. 18:6), en fiestas sociales (Job 21:12); en la animación de fiestas profanas (Is. 5:12; 24:8; Jer. 31:4; Dn.3:5). Y aunque fueron incluidos en algunos casos de adoración espontánea y ocasional, por triunfos militares concedidos por Dios a Israel, (Ex. 15:20) y en eventualidades oficiales de adoración informal,[18](1°.Cr.13:8) no fueron incluidos entre los instrumentos para la adoración oficial, regular, formal, en el templo. ¿Por qué? Una razón probable es porque el sonido de estos

[18] En estos casos, Dios los toleró el uso de estos instrumentos a causa de la ignorancia del pueblo, no porque son de su agrado; puesto que al regular el culto oficial, los excluyó.

instrumentos en el Santuario hubiera despertado sensaciones y pensamientos totalmente ajenos al culto.

Ninguna persona medianamente normal puede negar que el sonido de los instrumentos de percusión rítmica estimule los deseos naturales. La música de instrumentos de percusión rítmica produce un estímulo motriz instintivo, y sensaciones que no corresponden, a la sana meditación espiritual, por lo cual no es apropiada para a la adoración que debemos ofrecerle a Dios, la cual debe ser una adoración producida en el espíritu del creyente por el poder del Espíritu Santo mediante la obediencia a la verdad. La música de percusión generalmente es usada para despertar y estimular los deseos más bajos de la carne. Sin duda esta es la razón del por qué la música de percusión también ha estado muy asociada con liturgias ocultistas, en las que las actividades se caracterizan por dar rienda suelta a las pasiones naturales. Estos efectos probablemente son razones por las que Dios no los incluyó en la adoración oficial, formal. Pero el punto crucial, no son nuestras especulaciones, el punto medular es la soberanía de Dios, la cual es incuestionable, Dn.4:35.

Pregunto: ¿Tiene, Dios, derecho a incluir y a excluir para su adoración lo que el desee, sin darle explicación alguna a nadie? Esta es la razón más más importante para no incluir estos instrumentos en la adoración a Dios. Hermanos: Si Dios excluyo este clase de instrumentos, de la adoración regular e institucional, nadie tiene derecho a incluirlos, es arbitrario hacerlo; hacerlo es una acto contrario a la soberana voluntad de Dios. Incluir en la adoración a Dios lo que Él no ha mandado es una insolencia digna de la máxima pena. El castigo que recibieron Nadab y Abiú por ignorar este principio en el culto demuestra la importancia que esto tiene a la vista de Dios (Lev. 10:1, 2, 8-10). El principio que se infiere de la exclusión de los instrumentos de percusión rítmica, es que el ritmo no debe ser el elemento sobresaliente en la música que hemos de emplear en la adoración a Dos.

2. INSTRUMENTOS APROBADOS

a. Instrumentos de cuerda

Fueron aprobados arpas y salterios (1ª.Cro. 25:1,6) (también llamados, liras) estos son instrumentos de cuerda, tenían hasta doce cuerdas. Estos instrumentos se clasifican entre los Instrumentos melódicos y armónicos. Con estos instrumentos como con todos los instrumentos de cuerda, se puede ejecutar muy bien una melodía, con su correspondiente armonía, por lo tanto, son los instrumentos más apropiados para dirigir y acompañar el canto de adoración a Dios. En cada parte de la Escritura donde hay referencia a algún acto de adoración organizada, esta clase de instrumentos aparecen como principales. (1 Rey. 10:12; 1 Cro. 15:16; 2 Cro. 5:12; Sal. 33:2) Los instrumentos de cuerda son los más apropiados, para elaborar música majestuosa y solemne, y por ende para emplear en la adoración corporativa, oficial, constante, porque son instrumentos a la vez, polifónicos, melódicos y armónicos, por naturaleza. Hay dos principios implícitos en la aprobación de este tipo de instrumentos. El primero es que los instrumentos para la adoración corporativa deben ser melódicos y armónicos. Este principio, hoy permitiría incluir algunos instrumentos melódicos de percusión como el xilófono y metalófono, y de viento como las trompetas, las flautas, los acordeones, el piano, el órgano. El segundo principio es que los elementos sobresalientes de la música para adorar a Dios, es la melodía y la armonía, no el ritmo.

b. Un instrumentos de percusión no rítmica[19]

Los únicos instrumentos de esta clase que fueron aprobados fueron los címbalos[20].1oCro.25:1,6. Estos son instrumentos de percusión no rítmicos. Estaban conformados por dos platillos de Bronce[21]; se sostenían uno en cada mano mediante correas. Se ejecutaban haciéndolos chocar entre sí.

En Salmo 150: 5, se distingue entre "címbalos resonantes" y "címbalos de júbilo". La palabra hebrea resonante es *shema*, que significa "son", "sonido", y la que se traduce jubilo es, "*teru'ah*", que significa " alzar la voz" hacer alarma. Los címbalos son instrumentos de

[19] Algunas notas de esta sección las tome de un autor de quien perdí la referencia, por el cual agradezco a Dios por iluminarme atraves de sus estudios, respecto al tema.

[20] La palabra" címbalos", viene del vocablo griego onomatopéyico, κυμβαλον [kumbalon] , usado en la LXX, para traducir las palabras hebreas "*tseltselim*", palabra, de la cual se deriva la palabra "*ymetsiltáyim*". Ambos vocablos vienen del verbo *tsalal*, "batir", "golpear", "retiñir", "sonar". El verbo sugiere el sonido producido por el instrumento.

[21] En las excavaciones arqueológicas de Palestina se han encontrado dos pares de címbalos. Los que se hallaron en Tell Abu Hawam son de bronce y tienen un diámetro de unos 10 cm. En el centro tienen orificios por los cuales, sin duda, pasaba alguna correa que se anudaba en el interior del címbalo.

percusión no rítmica. Según algunos investigadores los címbalos resonantes eran empleados para marcar las pausas en el canto, y los de júbilo para indicar el clímax del poema o para llamar la atención a declaraciones sobresalientes del poema, donde había que subir la voz, tales como las indicadas por la palabra: *Selah*.

La primera vez que se mencionan los címbalos es formando parte de la orquesta que acompañaba la procesión, cuando el rey David hizo el primer intento de trasladar el arca del pacto a Jerusalén, recordemos que fue en esa ocasión que Dios mató a Uza, a causa de las improvisaciones en la preparación del traslado del arca, (2 Samuel 6: 5). Los címbalos también fueron incluidos para la música del culto a Dios en el templo (2 Crónicas 5: 12; 29: 25; Esdras 3: 10; Nehemías 12: 27; etc.)[22]. Nunca se mencionan formando parte de las orquestas que animaban las fiestas paganas.

c. Instrumentos de viento

El uso de trompetas se menciona formando parte de la banda que acompañaba la procesión del traslado del arca de la casa de Obed-edom, a la tienda que David e había preparado, 1°.Cr.15:1-16: y entre los que dejo David para que ministraran mañana y tarde el ofrecimiento de los holocaustos, 1oCr. 16:4-42. Pero no fueron incluidas entre los instrumentos que fueron oficialmente instituidos para culto en el templo;(1°.Cro.25:-6. Después de esto se mencionan en el templo en eventos especiales, como la inauguración del templo, (2°.Cro. 5:12) y luego en la restauración del mismo, en tiempo de Esdras y Nehemías, Es. 3: 10; Neh. 12: 27. También se utilizaban para anunciar la llegada de las fiestas anuales, el comienzo de cada mes, y para dar otras indicaciones. Probablemente, la razón por la que las trompetas no fueron incluidas entre los instrumentos instituidos para la adoración regular, oficial, era porque las trompetas aun no eran los instrumentos más aptos para ejecutar una melodía, y acompañar el canto armónicamente. Hay algo a lo que debemos prestare atención:

La Biblia muestra que esos instrumentos que David instituyó por inspiración divina, hasta los últimos registros del Antiguo Testamento eran llamados "los instrumentos de música de

[22] http://eltextobiblicoat.blogspot.com/2007/07/6202-instrumentos-de-percusin-cmbalos.html

Jehová" (2 Cr. 7:6). Trescientos años después de David, cuando el rey Ezequías restableció el culto al verdadero Dios en el templo, siguió fielmente "el mandamiento de David", designando levitas para cantar con címbalos, salterios y arpas (2 Cr. 29:25). Son exactamente los mismos instrumentos instituidos por el rey David, para la adoración a Dios, desde el comienzo de su reinado.

Cuando los judíos regresaron de la cautividad, primero bajo el liderazgo de Esdras y luego de Nehemías, siguieron utilizando exactamente los mismos instrumentos para alabar a Jehová, "según la ordenanza de David rey de Israel" (Esd. 3:10). Lo hicieron "con alabanzas y con cánticos, con címbalos, salterios y cítaras" Neh. 12:27; (la palabra traducida como "cítaras" es la misma que en otros pasajes se traduce "arpas"). Este tipo de instrumentos, son los que por haber sido escogidos por David, Gad y Natán, guiados por la inspiración de Dios, son los que pueden ser consagrados para la adoración, a Dios con música. Creo que es clara la voluntad de Dios al respecto:

Al elegir ciertos instrumentos para la adoración en el templo, dejando de lado otros, el Señor indicó claramente que debe haber una diferencia entre la música de la iglesia y la música secular. La aplicación actual de este principio es que el pueblo de Dios debe excluir de la adoración, los instrumentos cuya música por naturaleza despierte y alimente actitudes, o prácticas de la vida mundana; así mismo la iglesia debe excluir de la adoración a Dios los estilos musicales incompatibles con el Santo Espíritu de culto a Dios, y en lugar corresponden al espíritu profano del mundo, contrariando la doctrina bíblica de la adoración a Dios, y profanando de esta manera el nombre del Dios que pretende honrar.

Hay ciertos estilos musicales que han sido introducidos en la iglesia, que la hacen semejante al mundo en lugar de distinguirla. La Escritura en seña claramente que el pueblo de Dios, su iglesia, se debe distinguir del mundo en todo, y esa distención debe notarse de manera especial en el culto cuando como pueblo de Dios, está reunido adorándole. La distinción entre lo sagrado y lo profano es un principio fundamental dado por Dios a su pueblo para que se distinga de los pueblos del mundo. Ex.19:5,6; Ro.12:1-2; la voluntad de Dios para su pueblo siempre ha sido que sea, santo, diferente al mundo, Lv.11:45; 1ª. P.1:14-16; sin duda esto incluye la música; la música con la cual debemos adorar al Dios santo también debe ser música santa, no debes ser música que nos haga confundir con el mundo, debe ser música que nos distinga de él, debes ser música que nos identifique con Dios.

VI. PROPÓSITO DE LA MÚSICA EN LA ADORACION[23]

La música en el templo tenía una finalidad bien clara. No era un fin en sí mismo; ni tenía el propósito de entretener o divertir a los fieles. Fue instituida para estimular y conducir de manera sublime la mente y el corazón de los adoradores a meditar en las grandes verdades revelados por Dios de sí. La música fue instituida por Dios para que fuera un medio para comunicar e imprimir su santa voluntad en el corazón del pueblo adorador 1°. Cro.25:1-2. La función de los músicos con la música en el templo era "aclamar y alabar a Jehová" (1°.Cro. 25:3), mostrar la grandeza y belleza de su ser; resaltar su poder, su supremacía, su paciencia, su misericordia, su fidelidad, todos los atributos que adornan el carácter de la personalidad de Dios y constituyen su perfección. Dios inspiró a David en la selección de los instrumentos más apropiados para lograr ese objetivo. Con las arpas y los salterios se tocaban en el culto hermosas melodías armonizadas. Así, estos instrumentos ejecutados, melódica y armónicamente, guiaban el mensaje del canto con el cual la congregación era enseñada, redargüida, exhortada y edificada con la palabra de Dios, porque lo que el pueblo cantaba era palabra de Dios.

Antes de concluir el tema, es necesario dejar algo muy claro, es lo siguiente: En el nuevo testamento, no se menciona el uso de ningún instrumento en el culto. ¿Significa esto que a partir del nuevo pacto Dios ya no se agrada de la música en el culto, sino únicamente del canto sin el acompañamiento de música? No, lo que significa es que la música en el culto no es una prioridad; significa que la música no es prioritaria para la adoración a Dios. De manera hermanos que si no hay música en la iglesia, no debemos preocuparnos, podemos adorar a Dios cantando, sin instrumentos artificiales, con la voz únicamente. En el antiguo pacto, Dios tampoco le dio prioridad a la música para la adoración, de lo contrario, la hubiese instituido desde el Sinaí. El uso de música para adorar a Dios, fue iniciativa del pueblo para expresar su regocijo por las victorias de Dios sobre sus enemigos (Ex.15:20,21; Jue. 11:34; 1 Sam. 18:6); La música para para el culto no fue instituida formalmente sino hasta muchísimos años después, cuando David quiso introducir música para la adoración

[23] Esta parte en su mayoría, también, corresponde al autor de quien perdí la referencia, a quien agradezco y de quien doy gracias a Dios por su valioso aporte a mi entendimiento respecto al tema.

oficial; pero recuerde que para ello Dios tuvo que intervenir soberana y sobrenaturalmente para escoger a los músicos y los instrumentos aptos para la adoración (1°. Cor.25:1-6; 2 Cr. 29:25). De esa manera la Biblia nos enseña que la música no es un asunto de prioridad en la adoración que debemos a Dios, pero tampoco es un asunto que le disguste; no obstante de la misma manera, la biblia también nos enseña que si hemos de húsar música para adorarle, hemos de hacerlo de acuerdo a los principios establecidos en la Escritura, mediante, su siervo David, los profetas Gad y Natán; (1°. Cor.25:1-6; 2 Cr. 29:25)

Las características y las funciones de los músicos y los instrumentos que Dios escogió y ordenó para la adoración en el templo del antiguo pacto, proveen los principios necesarios y suficientes para seleccionar a los músicos y los instrumentos que hemos de usar para la adoración en la iglesia, el templo del nuevo pacto. (1ª.Cor.6:16. Los músicos deben ser aptos debidamente preparados en el canto para Dios, y los instrumentos deben ser instrumentos melódicos y armónicos, por excelencia, que correspondan al carácter de Dios y al que debe desarrollar su iglesia, Ef.4:13-16. Deben ser instrumentos con los cuales se pueda hacer música que no desvíe la atención de los adoradores a algo diferente a Dios, música que no estimule actitudes, deseos ni pensamientos, carnales, mundanos.

Las características de cada instrumento, la forma de ejecutarlos, y el efecto que produce su música son determinantes para decidir si podrán servir en el culto o no. Esto es aplicable a los instrumentos de percusión rítmica, tanto acústicos como electrónicos, los efectos de su música sobre el alma humana, son contrarios a los efectos que debe producir la palabra de Dios cantada. Los músicos y especialmente los directores de música deben ser personas espiritual y técnicamente aptas para que la adoración sea como realmente Dios lo ha mandado, deben ser personas, técnica y espiritualmente aptas para evitar que la corrupción de la carne desvié la adoración, y en lugar de santa, la convierta en profana. Como alguien escribió en algún momento: Tributemos nuestros cantos de adoración al Señor siguiendo su voluntad en vez de nuestro gusto no santificado. Hagámoslo con sinceridad y devoción, pero también con obediencia.

La Escritura dice: 33:1 *Alegraos, oh justos, en Jehová;* *<u>En los íntegros es hermosa la alabanza</u>*.33:2 *Aclamad a Jehová con arpa; Cantadle con salterio y decacordio.*33:3 *Cantadle cántico nuevo; <u>Hacedlo bien</u>, tocando con júbilo.*

¿Quiénes deben alegrarse en Dios? Los justos; es decir los que por la gracia de Dios son justificados por la fe en Cristo, Ro.3:24-30; porque no hay justo delante de Dios sino el que es justificado por Dios en Cristo mediante la fe. ¿En quienes es hermosa la alabanza? En los íntegros. ¿Quiénes ´son los íntegros? Los íntegros son únicamente los que por la fe en Cristo, piensan y viven conforme a los preceptos divinos. ¿Con que nos exhorta a aclamar a Dios en el canto? Con arpa, salterio y decacordió: quiere decir: con melodías armoniosas, producidas con instrumentos que correspondan a ello. Por último el texto dice: Hacedlo Bien, tocando con júbilo. Hacedlo con Júbilo, es hacerlo con convicción verdadera, y hacer algo bien, es hacerlo conforme a la voluntad de Dios. Lo que Dios reconoce como bueno, es únicamente lo que es hecho por le fe en Cristo, conforme a sus santos preceptos.

Si usted no es in verdadero Cristiano, nunca va a entender estos principios, mucho menos ejercitarse en ellos; seguirá adorando según su agrado, no el de Dios. Si aún en el culto sus tendencias carnales son el patrón de conducta, venga a Cristo rogándole que le perdone y le salve de la esclavitud de su carne, para que entonces pueda regocijarse en Dios, no en su carne, y adorar a Dios como corresponde. Amen.

NOTAS ADICIONALES:

1. **Tipos principales de música en relación con sus efectos**:

Música tranquilizante: Es de naturaleza melódica sostenida, y se caracteriza por tener un ritmo regular, una dinámica predecible, consonancia armónica y un timbre vocal e instrumental reconocido con efectos tranquilizantes.

Música estimulante: Aumenta la energía corporal, induce a la acción y estimula las emociones.

2. **Tipos de influencia de la música en la persona**

Movilización: Ya que la música es energía moviliza a los seres humanos a partir de su nacimiento y aún desde la etapa prenatal.

Exteriorización: Al escucharla o crearla imprime una energía de carácter global que circula libremente en el interior de la persona para proyectarse después a través de las múltiples vías de expresión disponibles. Escuchando o produciendo música nos manifestamos tal como somos o como nos encontramos en un momento determinado. *Dime que música escuchas y te diré quien eres.*

3. **Elementos de la música y sus efectos en la conducta**

Tempo: Los tempos lentos, entre 60 y 80 pulsos por minuto, suscita dignidad, calma sentimentalismo, serenidad, ternura y tristeza. Mientras que los tempos rápidos de 100 a 150 pulsos por minuto, suscitan impresiones alegres, excitantes y vigorosas e incluso violentas.

Ritmo: Los ritmos lentos inducen a la paz y a la serenidad, mientras que los rápidos suelen producir la activación motora y la necesidad de exteriorizar sentimientos, aunque también pueden provocar situaciones de estrés.

Armonía: Los acordes consonantes están asociados al equilibrio, el reposo y la alegría. Los acordes disonantes se asocian a la inquietud, el deseo, la preocupación y la agitación.

Tonalidad: Los modos mayores suelen ser alegres, vivos y graciosos, provocando la extroversión de los individuos. Los modos menores inducen a la melancolía y el sentimentalismo, favoreciendo la introversión del individuo.

La altura: Las notas agudas provocan una actitud de alerta y aumento de los reflejos. También ayudan a despertarnos o sacarnos de un estado de cansancio. Los sonidos graves suelen producir efectos sombríos, una visión pesimista o una tranquilidad extrema.

La intensidad: Un sonido o música tranquilizante puede irritar si el volumen es mayor que lo que la persona puede soportar.

La instrumentación: Los instrumentos de cuerda suelen evocar el sentimiento por su sonoridad expresiva y penetrante, mientras que los instrumentos de viento destacan por su poder alegre y vivo, dando a las composiciones un carácter brillante, solemne, majestuoso. Los instrumentos de percusión se caracterizan por su poder rítmico, anárquico y que incita a la acción y el movimiento y impetuoso o violento.

Fuentes:

es.wikipedia.org.
www.correodelmaestro.com.
www.otramedicina.com

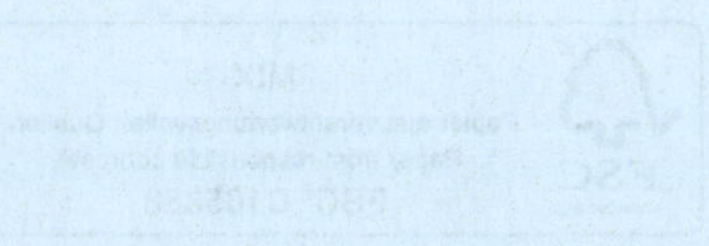

Printed by Books on Demand GmbH, Norderstedt / Germany

Printed by Books on Demand GmbH, Norderstedt / Germany